W0372187

DIE REIHE
Archivbilder

DINSLAKEN
1945 BIS 1975

Großbaustelle in Dinslaken 1958.

DIE REIHE
Archivbilder

DINSLAKEN
1945 BIS 1975

Gisela Marzin

SUTTON
VERLAG

Sutton Verlag GmbH
Hochheimer Straße 59
99094 Erfurt
http://www.suttonverlag.de
Copyright © Sutton Verlag, 2004

ISBN 3-89702-571-X

Druck: Oaklands Book Services Ltd., Stonehouse | GL, England

Marktszene in den 1950er-Jahren am Altmarkt Dinslaken.

Inhaltsverzeichnis

Quellen und Dank

Die meisten Bilder entstammen den Beständen des Stadtarchivs Dinlaken, hier besonders dem Nachlass von Willi Dittgen und der Sammlung Wilhelm Mölleken. Die Bilder auf Seite 13 entstammen dem Privatbesitz von Dr. Inge Litschke und die Abbildung auf Seite 106 oben stellte Anne Prior zur Verfügung. Allen Leihgebern sei herzlich gedankt. Für Anregungen bedanke ich mich bei Dr. Renate Bienzeisler, Dr. Inge Litschke, Helmut Krebs, Anne Prior und Joachim Schulz-Marzin.

Benutzte Literatur

GOLLNICK, RÜDIGER: *Dinslaken*, Kleve 1980

DITTGEN, WILLI: *Stationen*, Dinslaken 1986

DITTGEN, WILLI: *Der Übergang*, Dinslaken 1983

DITTGEN, WILLI: *Bewegte Zeit. 50 Jahre Kreis Dinslaken 1909-1959*, Dinslaken 1959

STAMPFUß, RUDOLF UND TRILLER, GISELA: *Geschichte der Stadt Dinslaken 1273-1973*, Neustadt/Aisch 1973

KARL WAGEMANN: *Das Revier kommt ins Land*, Bad Godesberg/Dinslaken 1963

Kreis Dinslaken baut neuen Hafen für moderne Industrie, HRSG. DER OBERKREISDIREKTOR DES KREISES DINSLAKEN. Dinslaken o.D. (daraus: Bild von Heinrich Klein, Dinslaken und Hülsheus & Co)

Für Freya und Saskia

Einleitung

Die alte Stadt Dinslaken, sie besaß seit 1273 Stadtrechte und war seit 1909 Kreisstadt, sah sich in den 1950er-Jahren als kulturellen und industriellen Kristallisationspunkt am Niederrhein. Verwaltungen, Schulen und kulturelle Einrichtungen betreuten von Dinslaken aus Teile der Umgebung. Neben den lokalen waren übergeordnete Behörden wie das Finanzamt, das Amtsgericht und das Bergamt in Dinslaken ansässig.

Dieses Buch spannt anhand von Bildern den Bogen über 30 Jahre Geschichte: vom Ende des Zweiten Weltkriegs bis zur Auflösung des Kreises Dinslaken zum Jahresende 1974. Geburtenstarke Jahrgänge und Zuwanderung ließen in dieser Zeit die Einwohnerzahlen steigen. Daraus resultierend änderten sich die Anforderungen an die öffentliche Hand, an Planungen und Projekte. Nicht zuletzt deswegen war der Alltag bis in die 1970er-Jahre hinein geprägt vom Wiederaufbau und von den Bemühungen um die heimische Industrie. Das alte Rathaus, die Gebäudereste des Klosters Marienkamp, das Haus Bärenkamp, Kriegsbunker und der Wasserturm wurden gesprengt, zerstört und abgetragen. Zahlreiche komplett neue Siedlungen wurden für die zuziehende Bevölkerung aus ganz Europa errichtet. In der Folge entstanden in bis dahin ungeahntem Umfang neue Kirchen und Gemeindezentren, neue Kindergärten und Schulen. Die Einwohnerzahl der Stadt Dinslaken stieg von 26.700 im Jahre 1939 auf 55.000 Personen im Jahre 1969. Seit Mitte der 1970er-Jahre ist die allgemeine Entwicklung – nicht nur in Dinslaken – mit sinkenden Bevölkerungszahlen, Energiekrisen und wirtschaftlichen Problemen wieder rückläufig.

Die Erinnerung an den Zweiten Weltkrieg war lange Jahre präsent. Es wurden ein Ehrenfriedhof und verschieden Ehrentafeln für die Bombenopfer, für die Vermissten und Gefallenen zwischen 1952 und 1966 errichtet. Man vergaß allerdings, dass es auch Täter gab, die, sei es durch blinden Gehorsam, sei es durch ihre verbrecherische Gesinnung, dazu beigetragen hatten, dass das Vernichtungswerk von 1933 bis 1945 überhaupt stattgefunden hatte. Die Vergesslichkeit war in dieser Hinsicht groß, obwohl das Grauen auch in Dinslaken eine menschliche Gestalt hatte. Der Lagerarzt im Vernichtungslager Auschwitz und im Konzentrationslager Neuengamme, Bruno Kitt, wurde 1954 nach Dinslaken umgebettet. Kitt wurde 1946 von einem britischen Militärgericht zum Tode verurteilt und in Hameln hingerichtet. Der Prozess gegen die für die Deportation von 73.000 Juden aus Frankreich Verantwortlichen, Herbert Hagen (von 1948 bis 1964 wohnhaft in Dinslaken), Lischka und Henrichssohn, fand 1979/80 vor dem Oberlandesgericht in Köln statt.

Die Jahre von 1945 bis 1975 waren auch die Zeit der Grundsteinlegungen, der Bauphasen, der Neugründungen und Enthüllungen. Nicht nur neue Straßennamen wurden vergeben, auch Straßenumbenennungen waren der Stadtverwaltung und dem Rat wichtig. Mit einem absoluten Novum, dem Kreisverkehr an der Friedrich-Ebert-Straße, mussten sich die Dinslakener Verkehrsteilnehmer seit 1958 auseinandersetzen. Eine weitere Neuerung stellte die Autobahnteilstrecke Wesel–Oberhausen der A3 dar, die im Juli 1961 eröffnet wurde.

Das kulturelle Leben blühte auf. Dazu trugen nicht nur der Theaterverein Burghofbühne, sondern auch der Madrigalchor, gegründet von Herbert „Pepi" Kirchhefer, und das Dinslakener

Kammerorchester bei. Beide waren an der ebenfalls neu gegründeten Volkshochschule angesiedelt.

Zusätzlich zu den bereits seit Jahren bestehenden Vereinen entstanden in den großen Werken wie den Mannesmannröhren-Werken oder Pintsch-Bamag Werkschöre.

Der Zuschnitt der Kirchenkreise musste ständig geändert werden. Ob neue Pfarrbezirke genehmigt, Pfarrstellen eingerichtet, Kirchen neu geweiht oder Gemeindehäuser erweitert wurden: die evangelischen und katholischen Kirchengemeinden vergrößerten sich ständig.

Aus- und aufgebaut wurden auch Schulen aller Schulformen und ein evangelisches Altenheim, das 1951 in der Kreuzstraße eröffnet wurde. Selbst für herrenlose Tiere sorgte man seit 1962 in einem Tierheim.

Mit der Gründung der Wohnungsbaugesellschaft begann 1950 im Kreis Dinslaken eine Phase des intensiven Wohnungsbaus. Für viele Menschen stellten die Selbsthilfesiedlungen am Rande der Stadt in den 1950er-Jahren eine Chance auf ein Eigenheim dar. Besonders erwähnenswert ist das 1954 entstandene Jugenddorf für Berglehrlinge, das Pestalozzidorf. Doch auch öffentliche Gebäude entstanden neu: Dinslaken erhielt ein Polizeidienstgebäude und ein Finanzamt, das Postamt und das Amtsgericht wurden wieder auf- bzw. neugebaut. 1961 wurde für Dinslaken die vierstellige Postleitzahl 4220 eingeführt.

Der schwerste Verlust für die städtische Wirtschaft war die Demontage des Bandeisenwalzwerks im Jahre 1947. Der Viehmarkt war unrentabel geworden, die Viehhalle an Armco Thyssen verkauft. Doch allmählich ließen sich neue Unternehmen wie das Eisen- und Stahlwerk Rötzel oder die Rohr- und Stahlbau GmbH auf dem Gelände des ehemaligen Walzwerks nieder. Die Signode verlegte ihren Firmensitz nach Dinslaken und eröffnete 1959 ein neues Werk.

In der Freizeit entdeckten die Menschen außer Schützen- und musischen Vereinen neue Formen des Vereinslebens. Ob Philatelisten oder Vogelfreunde, ob Schachfreunde oder Fotografen, man organisierte sich. Und selbst der Karneval hielt mit der Gründung der Eppinghovener Karnevalsgesellschaft „We sind wer dor“ und dem Dinslakener Karnevalsverein in den 1950er-Jahren Einzug.

Außerhalb der kirchlichen Vereinigungen schlossen sich die Frauen 1952 erstmalig im überparteilichen Frauenausschuss zusammen.

Große öffentliche Feste ließen den Alltag vergessen. Ob Stadtjubiläen, das 60-jährige Bestehen der Kolpingfamilie Dinslaken oder die Kreis Dinslakener Wirtschaftsausstellung, Kadiwa, immer feierte man in großem Stil.

Zu den 1950er-Jahren gehörten für Dinslaken so selbstverständlich wie der langjährige Bürgermeister Willi Lantermann die Theaterintendantin Kathrin Türks, die Olympiaplatzierte Maria Sander-Domagalla sowie natürlich Bundespräsident Heinrich Lübke, zu dessen Wahlkreis Dinslaken gehörte.

Zum Schluss möchte ich noch auf eine Entwicklung aufmerksam machen, die für dieses Buch von Bedeutung war: Der technische Fortschritt ermöglichte es, viel mehr Menschen als bisher zu fotografieren. So waren neben den professionellen nun auch private Fotografen fleißige Chronisten des Geschehens. Sie wurden, soweit bekannt, in den Texten zu ihren Bildern erwähnt. Die Professionellen sind meist Pressefotografen, hier sei exemplarisch für viele der Fotograf der NRZ Rolf Terbrüggen genannt, von dem zahlreiche Bilder in diesem Buch enthalten sind.

Meine Arbeit ist getan. Mir bleibt noch, dem Leser viel Vergnügen beim Betrachten der Bilder einer gar nicht so fernen Vergangenheit zu wünschen. Dennoch sind zahlreiche Unterschiede zum Jahr 2004 zu erkennen, manchmal mögen Sie schmunzeln, manchmal vielleicht ein wenig wehmütig werden. Doch würde ich mir wünschen, dass Sie den Schluss ziehen, um die Vergangenheit wissend, lebt es sich auch heute noch recht angenehm in Dinslaken.

Gisela Marzin

1
Kriegsauswirkungen

Am 23. März 1945 wurde Dinslaken durch Luftangriffe der Alliierten zu beinahe 80 Prozent zerstört. Über 4.000 Dinslakener starben auf den Schlachtfeldern, in Lazaretten, in Gefangenenlagern und im Bombenhagel. Die Stadt kam unter die Aufsicht der britischen Militärverwaltung. Doch die Verantwortung wurde schon bald – zunächst unter strenger Aufsicht – an Dinslakener Bürger zurückgegeben. Nach der Währungsreform am 20. Juni 1948 kam neuer Schwung in das Wirtschafts- und Kulturleben. 1949 begann die Enttrümmerung der Innenstadt, 1954 sollte die Stadtkernbebauung in Angriff genommen werden. Das alte Rathaus, Kriegsbunker und der Wasserturm von 1903 wurden abgebrochen. Der Bahnhof wurde in neuem Gewand wieder aufgebaut, das Postamt erstand in alter Form und ein neues Polizeidienstgebäude wurde errichtet. 1952 wurde ein Ehrenfriedhof für die Bombenopfer der Stadt eingeweiht. Noch später kehrten die letzten Kriegsgefangenen aus Russland heim. Im November 1954 wurde eine Ehrentafel für die Vermissten und Gefallenen im Kreishaus enthüllt, drei Jahre später ein Ehrenmal im Hof des städtischen Gymnasiums und im Dezember 1958 eines in Eppinghoven. Die Erinnerungen an den Krieg waren noch lange Zeit im Alltag präsent.

Am 23. März 1945 endeten mit dem Einmarsch der Alliierten für Dinslaken zumindest die Bombenangriffe, die seit 1942 die Stadt und das Umland in Furcht und Schrecken versetzt hatten. Viele Dinslakener hatten ihre liebsten Menschen und ihr Hab und Gut verloren. Das Weiß der Kleider auf diesem Bild leuchtet beinahe apokalyptisch in der zerstörten Umgebung. Die Aufnahme soll am Erstkommuniontag 1945 entstanden sein.

Diese und einige andere Luftaufnahmen fertigten die Alliierten noch am Nachmittag des 23. März 1945, dem Tag ihres Einmarsches. Sie zeigen die in weiten Teilen bis auf die Grundmauern zerstörte Stadt, etwa in der Bildmitte befindet sich hier der Bahnhof. Deutlich sind die Bombenkrater zu erkennen. Der Zweite Weltkrieg kostete beinahe 900 Dinslakener Zivilisten das Leben.

Vom Kreishaus war nicht mehr viel übrig geblieben. Mauern und Gesteinstrümmer lagen herum, vom Dach existierten nur noch einige Balken. Sie erinnern eher an Galgen, man mag kaum glauben, dass sie den Menschen jemals wieder Schutz bieten könnten. Zerstörte Bäume ragten wie Mahnmale in den Himmel.

Blick auf die zerstörte Stadt von der Wirtschaft Maas am Neutor aus gesehen.

Verzweifelte Menschen in der heutigen Friedrich-Ebert-Straße. Stadtauswärts marschierende amerikanische Soldaten begegneten Dinslakenern, die mit ihrem letzten Besitz zurück in die Stadt wollten.

Den gefangenen Dinslakener Volkssturmmännern, die vom amerikanischen Leutnant E. Ackermann verhört wurden, steht die Verzweiflung ins Gesicht geschrieben.

Nach dem Abmarsch der Amerikaner setzte die britische Militärregierung in Dinslaken, wie in anderen Städten auch, zunächst eine eigene Verwaltung ein. Der letzte Militärvertreter und zugleich der höchste Offizier der Briten im Kreisgebiet Dinslaken war bis 1951 Mr Burton, der sich hier als erfolgreicher Jäger vor der Villa Kalle präsentiert.

Noch einmal Mr Burton mit seinem Hauspersonal, den Büro- und Hausangestellten, auf der Terrasse der Villa Kalle im Frühjahr 1951. Der ehemalige Besitzer der Villa, Julius Kalle, war Direktor des Dinslakener Bandeisenwalzwerks. Es gibt nur wenige Aufnahmen seiner Villa in Dinslaken, die 1971 abgerissen wurde.

Weihnachten 1947 waren noch 1.564 Dinslakener Männer in Kriegsgefangenschaft. Am 27. Dezember 1953 bannte Rolf Terbrüggen diese Heimkehrer für die NRZ auf seine Platte. Die Wiederaufnahme des Alltags zu Hause war bei aller Freude für die Heimkehrer und ihre Familien nicht immer leicht. Die Gesichter der Abgebildeten sprechen für sich.

Man nannte sie Fremdarbeiter und es mutet manchmal an, als hätten sie ihre Arbeit unsichtbar verrichtet: Kaum ein Dinslakener konnte sich an sie erinnern. Es dauerte Jahrzehnte, bis man die Arbeit der etwa 5.000 bis 6.000, vorwiegend aus der Ukraine und Russland nach Dinslaken deportierten Menschen als das benannte, was sie war, als Zwangsarbeit. In Lagern untergebracht und zum Teil unter unmenschlichen Bedingungen zur Arbeit in den Industriebetrieben gezwungen, starben die meisten von ihnen in Deutschland. Ein Teil der Überlebenden, vorwiegend Italiener, feierte nach der Befreiung einen Gottesdienst im Freien.

Die Räumung eines Blindgängers im Zentrum Dinslakens im Jahre 1946 war eine gefährliche Arbeit. Diese Überreste des Zweiten Weltkriegs sollten die Menschen noch lange begleiten.

1948 feierte die Stadt ihr 675-jähriges Bestehen. Aus diesem Anlass veröffentlichte Willi Dittgen „Dinslaken – Ein Streifzug durch seine Geschichte von den Anfängen bis zur Gegenwart", ein flott geschriebenes Buch zur Dinslakener Geschichte.

Im 19. Jahrhundert hatten die Dinslakener Stadtväter den Bahnhof weit außerhalb der Stadt errichtet. Doch er brachte Dinslaken einen wirtschaftlichen Aufschwung. Im Zweiten Weltkrieg war er ein bevorzugtes Angriffsziel der Alliierten.

Noch im Dezember 1953 erinnerte der Bahnhof stark an eine Ruine, doch dann musste es schnell gehen, denn im Jahre 1956 stand das 100-jährige Eisenbahnjubiläum an. Das hinderte die Bundesbahn dennoch nicht daran, die Bahnmeisterei Dinslaken im September 1954 aufzulösen.

Am 10. Juli 1956 wurde der neue Bahnhof eingeweiht und im Oktober das runde Jubiläum der Holland-Linie der Eisenbahn gefeiert. Der historische Ludwigszug machte Station in Dinslaken: Bei aller vorangegangener Skepsis, 1961 waren die Dinslakener stolz, dass die neuen Eilzüge von und nach Holland in Dinslaken hielten!

Hamstern nannte man es, wenn die Menschen versuchten, auf eigene Faust und unkonventionellen Wegen die kärgliche Nahrung ein wenig zu ergänzen oder sich Heizmaterialien zu beschaffen. Dafür nahmen sie zum Teil lange, mühevolle Wege in Kauf. Dieses Bild erweckt den Eindruck, als ob die Frauen und Kinder den Lohberger Kohlenzug erstürmen wollten.

Die Beamten der Kreisverwaltung zählten im Keller der Stadtsparkasse das neue Geld: Am 20. Juni 1948, dem Tag der Währungsreform, tauchten endlich wieder ausreichend Waren in den Geschäften auf.

Ab 1949 konnten die Enttrümmerung der Innenstadt und der Abtransport des Trümmerschutts zügig durchgeführt werden, behauptet jedenfalls der Verwaltungsbericht der Stadt für die Jahre 1952/53. Im Hintergrund der Aufnahme von 1956 sieht man bereits die neuen Wohnhäuser ihrer Vollendung entgegenstreben. Im Vordergrund mussten jedoch noch die Relikte der Vergangenheit entfernt werden. Passanten stoppten, um der Sprengung des Bunkers zuzuschauen.

Ein Blick aus einem Fenster. Der unbekannte Fotograf sah aus den Resten des zerbombten Kastells auf die evangelische Stadtkirche und das alte Rathaus.

„Die Demontage [von Europas größtem Breitbandwalzwerk, Anm. d. Verf.] ist eine auf politischer Ebene vereinbarte, mittelbare Folge des Krieges", stellte Stadtdirektor Dr. Kammann fest und forderte 1953, dass „das Problem des Dinslakener Notstandes durch eine parlamentarische Anfrage zur Kenntnis des gesamten Landtages" gebracht werden sollte. Die „Schatten der Vergangenheit", die die gespenstische Silhouette des demontierten Bandeisenwalzwerks warfen, sollten die wirtschaftlichen Zukunftsaussichten Dinslakens noch lange beeinträchtigen.

Dinslakener Passion

*Lag nicht der Gott des Krieges schon im Sterben?
Sang nicht schon leiser Trost im Frühlingswind
als wolle er um neue Hoffnung werben?
Da warf der Schreckliche sich fieberblind
wahnwirr und tobend und in wilden Schauern
noch einmal hin und her. Sein Atemzug
schlug heiß und röchelnd über unsre Mauern . . .*

*

*Die Häuser schrien und die Menschen schrien.
Und mancher warf sich auf die nackte Erde
und krallte sich mit angebrannten Fingern fest
und schrie und schrie:
Du! Wage nur nicht, noch einmal zu blühen!
Du! Ich kann nie mehr wieder Blumen sehen!
Achthundert Tote, Erde, sind die dunkle Saat
in deinen Acker . . .*

*

*Was wird denn von uns Sterblichen verrichtet,
das nicht voll Torheit ist, voll Menschenwahn —
was wird gewirkt, getrachtet und gedichtet,
das nicht voll Torheit ist, voll Menschenwahn —
wie mancher Turmbau wird doch aufgerichtet
aus Steinen Torheit, Mörtel Menschenwahn —
wie manches Herrliche wird doch vernichtet
aus kluger Torheit, eitlem Menschenwahn.
Erst wenn der Herrgott alles Dunkel lichtet
und seinen Plan in unser Dasein dichtet,
führt unser Tun hinan . . .*

*

*Freunde! Nur gesunder Mut
läßt den Hammer leichter werden.
Mut erwärmt erstarrtes Blut —
und beständig ist auf Erden,
unbesieglich nur die Kraft,
die an den zerstörten Dingen
nicht verzweifelt: Faßt den Schaft
fester! Laßt den Hammer klingen!
Freunde! Aus gesundem Mut
formt den Stein zu Neuem Bauen.
Mischt des Leides Riesenflut
doch mit neuem Gottvertrauen
endlich zu dem Mörtel an,
der der Zukunft Häuser binde —
so daß Kind und Frau und Mann
wieder eine Wohnung finde!*

*

*Sankt Vincenz hat nun einen neuen Turm
und schaut mit hellen, goldenen Uhrenaugen
weit in die Runde:
Gott schütze diese Stadt vor Blitz und Sturm
und Not und Tod
und segne jede Stunde . . .*

Willy Bartock

In dem Gedicht „Dinslakener Passion" verarbeitete der Walsumer Bergmannsdichter Willy Bartock seine Eindrücke vom Krieg. Der erneuerte Turm der Vincentius-Kirche ist gleichzeitig ein Zeichen seiner Hoffnung auf einen Neubeginn. Bartock hat zahlreiche Gedichte geschrieben, die in Anthologien und Zeitschriften wie dem Heimatkalender Kreis Dinslaken veröffentlicht wurden. In dem Band „Bunt blüht das Jahr" ist eine Auswahl seiner Gedichte zusammengefasst.

1924 hatte die St.-Vincentius-Kirche dank eines großzügigen Spenders eine neue, barockisierende Turmhaube erhalten. Obwohl es zunächst so aussah, als ob die Kirche die Angriffe vom 23. März 1945 überstanden hätte, stürzte der Kirchturm knapp einen Monat später unter großem Getöse ein und verursachte dabei viele Schäden im Umfeld. Von nun an musste die Messe für eine lange Zeit im „Franziskaner“, der Gaststätte gegenüber, gefeiert werden.

1949 begannen die Gemeindemitglieder mit der Trümmerräumung der Kirche. Sie planten eine Erweiterung der Kirche nach Westen und natürlich einen neuen Turm. Im Januar 1950 konnte der erste Spatenstich für den Neuaufbau vorgenommen werden. Den neuen Turmhelm stifteten die Thyssen'schen Gas- und Wasserwerke, er wog sieben Tonnen! Zuletzt wurde er mit Kupferblech verkleidet. Am 29. April 1951 weihte Weihbischof Heinrich Gleumes die Kirche und den Altar neu.

Einen trotz aller Zerstörungen beinahe poetischen Blick aus einem rahmenlosen Fenster – vielleicht aus den Räumen der Adlerapotheke – auf einen wieder erblühenden Garten und den zerstörten Voßwinckelshof hielt Rolf Dahlheim im Frühjahr 1945 fest.

Der Voßwinckelshof, ein ehemaliger Adelssitz am Rande der Altstadt, wurde im Zweiten Weltkrieg stark zerstört. Das Dachgebälk blieb jedoch weitgehend erhalten und der kleine Glockenturm thronte trotzig über einem nahezu leeren Gebäude. Unterstützt vom Roten Kreuz schlossen sich einige angesehene und tatkräftige Männer, u.a. der Dinslakener Baurat Heinrich Nottebaum in der Bildmitte, zusammen, um eine neue Nutzung für den ehemaligen Adelssitz zu finden. Ende 1953 gründeten sie dazu den Verein „Haus der Heimat".

Seit Mai 1955 gibt es in Dinslaken ein Museum, das im Juni 1955 mit einem Festakt der Öffentlichkeit übergeben wurde. 1956 wurde im Museum „Haus der Heimat" die erste „Heimatschule NRW" eröffnet und der Heimatverein Land Dinslaken rief mit der „Geschichte der Rittersitze Haus Wohnung und Haus Endt", verfasst von Walter Neuse, die Schriftenreihe „Beiträge zur Geschichte und Volkskunde des Kreises Dinslaken" ins Leben.

Blick in die Neustraße im Jahre 1950. Noch teilten sich Fußgänger, Radfahrer und Autos die Fahrbahn. Allerdings wurde sie bereits 1957 zur Einbahnstraße und die Straßenbahn schlug ebenfalls einen Bogen um sie.

Die Bahnstraße nach 1945. An der Mündung steht die später abgerissene Gaststätte Maas. Im Hintergrund links schließt sich der Platz des Viehmarktes an.

Die Gaststätte Maas, in der so mancher erfolgreiche Viehhandel „begossen“ worden war, wurde 1959 abgerissen.

Der alte Adelssitz Haus Bärenkamp mit seinem großen Park und der Kapelle war im 20. Jahrhundert ebenfalls so weit verfallen, dass er im Jahre 1965 abgerissen wurde.

1949 begann man in Dinslaken mit der Enttrümmerung der Innenstadt, sechs Jahre später stand das Konzept für die Stadtkernbebauung fest und sollte in Angriff genommen werden. Das Foto von Heinrich Lantermann, Mitglied der Fotoarbeitsgemeinschaft „Gut Licht", dokumentiert den Zustand der Neustraße im November 1955.

Lange Zeit hieß ein Teil der Verbandstraße, der heutigen Bundesstraße 8, Wasserturmstraße. Der Wasserturm war seit 1903 neben den Kirchtürmen ein markanter Punkt in der Stadtsilhouette. Weil die technische Entwicklung seine Existenz überflüssig machte, verschwand er im Juni 1958 aus dem Stadtbild.

Der Unternehmer August Wegener schickte zur Beseitigung des Turms einen Arbeiter mit einem Handkompressor, der die östliche Seite des Wasserturms im Halbrund losstemmte und mit Holz unterklötzte. Danach wurde das Holz angesteckt. Der Zeitzeuge Heinz Vahnenbruck erinnert sich, dass es zwar furchtbar staubte und alles von einer Dreckschicht bedeckte wurde, aber der Turm, wie geplant, exakt nach Osten fiel.

2
Stadt, Land, Fluss

Seit jeher prägten, neben den Menschen, der Rotbach und der Rhein als Naturgewalten den Alltag der Dinslakener. 1948 wurde die Stadt 675 Jahre alt. Dem Kreis gab Dinslaken ab 1909 den Namen. Er umfasste im Jahre 1950 über 80.000 Einwohner und bedeckte ein Gebiet von 22.172 Hektar, mit der Stadt Dinslaken, den Gemeinden Walsum und Voerde und dem Amt Gahlen zu Hünxe. Im Zuge der kommunalen Neuordnung wurde der Kreis Dinslaken zum 31. Dezember 1974 aufgelöst, Dinslaken verlor damit u.a. sein Kennzeichen DIN. Im Juni 1966 tummelte sich ein weißer Wal im Rhein, Moby Dick wurde er getauft. Im selben Monat stellte die Junge Union das Hinweisschild „Berlin 558 Kilometer“ im Kreisverkehr am Stadtpark auf. 1965 erhielt die 1000. Besucherin aus der DDR von der Stadt ein offizielles Geschenk und 1969 wurde die Arbeitszeit bei der Stadt Dinslaken von 44 auf 43 Stunden verkürzt. Es passte in die Großzügigkeit dieser Zeit, dass im März 1970 ein Hallenbad in Betrieb genommen wurde und man 1971 mit dem Bau einer Stadthalle begann.

Der Rotbach durchfloss mit vielen Verzweigungen das Gebiet der Stadt. Mit Hochwasser und Überschwemmungen quälte er die Anwohner von Hiesfeld bis Eppinghoven. Darum versuchte man seit 100 Jahren wiederholt, ihn zu kanalisieren oder gar manchen Arm trockenzulegen. Die idyllische Aufnahme des Rotbachs bei Hiesfeld fertigte Josef Pauly im Sommer 1954 an.

Immer wieder versuchten die Menschen, sich vor dem Wasser zu schützen.

Ob es wohl der Osterspaziergang war, der die warm gekleideten Spaziergänger in so großer Zahl an den Rhein trieb?

Ursprünglich floss die Emscher weit an Dinslakens Grenze vorbei. Durch mehrfache Verlagerungen des Flussbettes rückte der Fluss jedoch immer dichter an die Stadt heran. Bereits 1938 hatte man mit der Verlegung begonnen und im Jahre 1949 wurde die Emscher in ihr neues Bett umgeleitet, das sie an Dinslaken vorbei am Stapp in Eppinghoven in den Rhein münden ließ. Die Luftaufnahme von 1956/1957 zeigt die neue Emscher-Mündung.

In den 1950er-Jahren machte die zunehmende Mobilisierung den Bau der seit den 1930er-Jahren geplanten A3 notwendig. 1959 wurden die Autobahnauffahrten im Kreisgebiet geplant und am 10. Juli 1961 die Strecke Wesel–Oberhausen als Teilabschnitt der A3 bei Dinslaken eröffnet. Während der Bauarbeiten an der Autobahnbrücke im Bereich des Rotbachs fertigte Berthold Schön im Sommer 1959 eine ganze Serie von Fotos an.

Nachdem die Arbeiten 1958 wieder aufgenommen werden konnten, wurde am 10. Juli 1961 der Abschnitt der A3 zwischen Dinslaken und Hünxe eröffnet. 11,5 Kilometer lang war der Teil der Autobahn im Kreis Dinslaken. Die Zahl der Autos im Kreis Dinslaken verdoppelte sich von 1960 bis 1966 nahezu.

Die Einweihung der Kreisbahn Dinslaken wurde als ein historischer Augenblick wahrgenommen. Die Bahn war im Zusammenhang mit dem Hafen Emmelsum in Voerde-Friedrichsfeld entstanden.

Der Hafen Emmelsum, ein gemeinsames Wirtschaftsprojekt des Kreises Dinslaken und der Gemeinde Voerde, wurde nach jahrzehntelangem Kampf zu Beginn der 1970er-Jahre im Lippe-Mündungsraum realisiert. Das Rhein-Lippe-Dreieck sollte ein „Industrie-Standort von europäischem Zuschnitt“ werden und einen wirtschaftlichen Schwerpunkt gegen das Übergewicht von Bergbau und Stahlproduktion im Kreis Dinslaken bilden. Das Bild zeigt den Hafen im Jahre 1971.

Bis Juli 1946 wurde die Müllentsorgung mit Pferdefuhrwerken durchgeführt. Seitdem setzte die Verwaltung einen Lkw ein. Doch es dauerte noch weitere acht Jahre, bis das letzte Pferdefuhrwerk verkauft wurde. Neben der Müllabfuhr erledigte der städtische Fuhrpark auch die Straßenreinigung. Im August 1958 wurde dazu die erste Straßenkehrmaschine eingesetzt. Das Kennzeichen auf dem Foto weist noch auf die britische Besatzungsmacht hin.

Spaß muss sein, sonst wird die Arbeit zu trist. Außerdem gewann der Karneval selbst in Dinslaken allmählich an Stellenwert.

Wo heute der Hubwagen vorfährt, zählten in den 1950ern noch Kraft und manchmal Klettervermögen: Baumschnitt und -fällarbeiten im Kreishauspark.

Wenn man weiß, dass es bis Ende Dezember 1949 in der gesamten Stadt Dinslaken nur 22 elektrische Straßenlaternen und 74 Gasleuchten gab, wird deutlich, um wie vieles dunkler die Städte damals waren. Es war ein erheblicher Fortschritt, als im August 1957 die Gasbeleuchtung entlang der heutigen B8 elektrischen Lichtquellen wich. 1964 wurde die Straßenbeleuchtung erheblich ausgeweitet.

Mit zunehmendem Verkehr mussten neue Maßnahmen zur Sicherung der Fußgänger getroffen werden. Hier zeichnete man von Hand Zebrastreifen auf die Fahrbahn, damit die Fußgänger die Straße überqueren konnten, ohne mit der Straßenbahn zu kollidieren.

Eigentlich wurde die neu angelegte Kanalisation regelmäßig gereinigt, dennoch kam es vor, dass nach starken Regenfällen die Straße schwamm. Ehe die Isetta ins Schleudern kam, sorgten städtische Mitarbeiter dafür, dass das Hochwasser rasch abfloss.

Der Altmarkt ist oft umgestaltet worden. In den 1950er-Jahren wurde er neu gepflastert, der Verkehr allerdings noch nicht ausgeschlossen.

Seit 1478 hat die Stadt Dinslaken das Recht, dienstags einen Markt abzuhalten. Früher fand der Markt auf dem „Eiland“ statt, das in einem kleinen See lag, den der Rotbach bildete, nachdem er die Wassermühle am Altmarkt angetrieben hatte. Einst wurde hier mit lebenden Ferkeln gehandelt, heute nur noch mit Fleisch und Gemüse und die Marktbeschicker und Besucher bewegen sich trockenen Fußes zu den Ständen.

Blick aus der Neustraße in die Duisburger Straße in den späten 1950er-Jahren. Das alte Dinslakener Rathaus mit dem neogotischen Treppengiebel stand noch und der Autoverkehr floss gemächlich durch das Herz Dinslakens. Die Zerstörungen des Zweiten Weltkriegs waren erst mit dem Abbruch des alten Rathauses und der Reste des Klosters Marienkamp bewältigt. Nach der Abtragung des Rathauses wurde die Fläche lange Zeit als stadtnaher Parkplatz genutzt.

An der Kreuzung Neustraße und Bahnstraße warb die „Rheinische Post“ auf einem Verkaufspavillon, wie er typisch für das Ruhrgebiet ist. Die Geschäftsstelle der – laut Eigenwerbung – großen Familienzeitung des Kreises Dinslaken war in der Neustraße 48. Nebenan, Hausnummer 51, saß in den 1950er-Jahren die „Westdeutsche Allgemeine Zeitung“. Außerdem informierte noch die „Neue Ruhr Zeitung“ in der Hauptstraße 61 die Dinslakener über alles Wissenswerte.

Kurz bevor die Aufnahme entstand befanden sich auf dem Platz noch eine Tankstelle und eine Autowerkstatt. In den 1950er-Jahren wurde hier ein kleiner Park mit einem Brunnen und vielen Bänken eingerichtet. Später musste diese Ruhezone dem ruhenden Verkehr weichen.

Die Dinslakener entdeckten ihre Liebe zur Philatelie: 1946 wurde ein Dinslakener Briefmarkensammlerverein gegründet. Es lag nahe, denn zahlreiche neue Poststellen in den Ortsteilen erleichterten den Menschen die Erledigungen der Postgeschäfte. 1951 wurde das wieder aufgebaute Gebäude des Dinslakener Postamts in Betrieb genommen. Das Foto nahm Rolf Dahlheim im Winter 1958 auf.

Seit 1910 hatte Dinslaken eine „Volksbücherei“, doch erst Diplom-Bibliothekar Franz Pirol erweiterte in den 1950er-Jahren die Bestände über 5.000 Bücher hinaus. Neben den Stadtbüchereien gab es Leihbuchhandlungen, in denen man gegen Gebühr ebenfalls Bücher ausleihen konnte. 1956 waren im Branchenverzeichnis des Einwohneradressbuches nur für Dinslaken (ohne Walsum, Voerde und Hünxe) siebzehn Leihbuchhandlungen eingetragen.

Ihr Domizil hatte die Stadtbücherei zunächst in der Hünxer Straße 42, dann im Gebäude des damaligen Stadtbauamtes in der Hauptstraße 66. Im Jahre 1957 konnte sie endlich in für die Zeit großzügige und helle Räume im „Haus des Handwerks“ umziehen.

Die Gäste bei der Neueröffnung der Stadtbücherei am 20. Mai 1957.

Eine angenehme Atmosphäre herrschte in den neuen freundlichen Räumen. Im Juli 1961 wurde zusätzlich eine Kinder- und Jugendbibliothek eröffnet. In den 1960er-Jahren richtete man in den Ortsteilen Hiesfeld, Lohberg, im Averbruch und in der Feldmark neue Zweigstellen ein. Im Mai 1971 schließlich war der Platz zu eng geworden und die Kinder- und Jugendbibliothek wurde im Haus Gartenstraße 1 untergebracht.

Die Ämter der Stadtverwaltung waren über das Stadtgebiet verteilt. In der Hauptstraße 75, der heutigen Friedrich-Ebert-Straße, befand sich das Ordnungsamt, im Haus Nummer 66 das Stadtbauamt und die Stadtbücherei, in der Schlossstraße 3 seit 1948 das Sozialamt, die Stadtkasse, das Steueramt, die Stadtkämmerei und das Wohnungsamt. Als Anfang 1960 das Stadthaus am Bahnhof bezogen werden konnte, wurden fast alle Dienststellen dort konzentriert. Die Abbildungen zeigen zwei Bauphasen des neuen Stadthauses am Bahnhof zwischen 1958 und 1960.

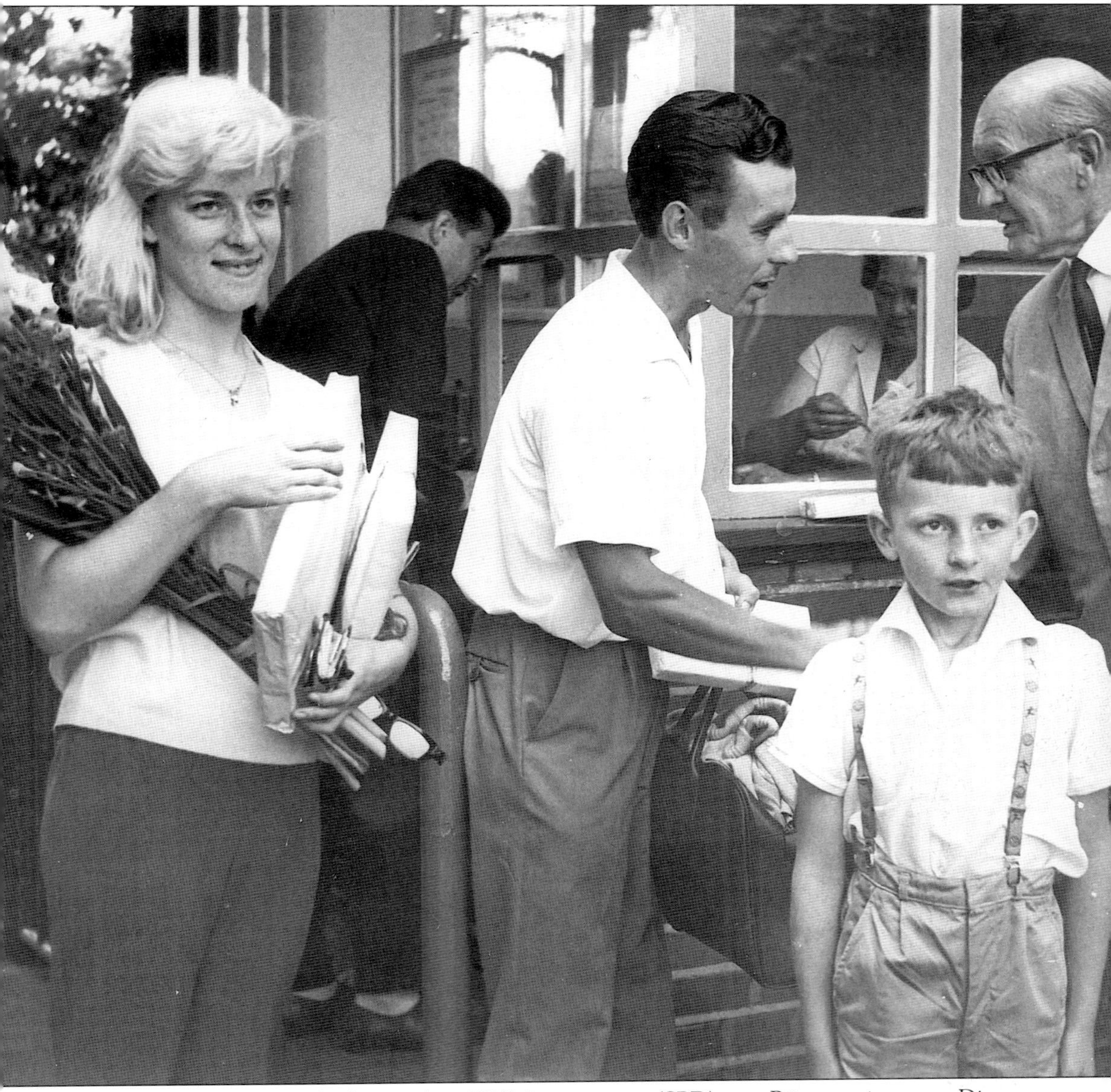

Am 7. Oktober 1946 wurde der Ratsherr Willi Lantermann (SPD) zum Bürgermeister von Dinslaken gewählt, 1950 wurde er Landtagsabgeordneter. Es war ihm vergönnt, 1972 sein 25-jähriges Amtsjubiläum als Bürgermeister zu feiern. Im Jahre 1973 starb der beliebte Bürgermeister während einer Ratssitzung. Im Amt folgte ihm Karl-Heinz Klingen.

Dieses Gebäude trug im Laufe der Zeit viele Namen: das Kastell, Landratsamt, Kreishaus. Heute ist es das Dinslakener Rathaus. Als Landratsamt wurde es im Zweiten Weltkrieg zu großen Teilen zerstört, als Kreishaus sollte es aus den Trümmern wiedererstehen.

Am 5. April 1950 legte Landrat Arnold Verhoeven den Grundstein für das neu zu errichtende Kreishaus, das ehemalige Landratsamt.

Im September 1951 wurde der vollendete Verwaltungsflügel des neuen Kreishauses mit einem Festakt in Betrieb genommen.

Alle Frauenvereinigungen des Kreises Dinslaken, evangelische und katholische, schlossen sich 1951 zum Überparteilichen Frauenausschuss zusammen. Gemeinsam organisierten sie einen Babysitterring sowie einen „Silberfisch" genannten Hilferuf und sorgten für eine erfolgreiche Altenbetreuung. Jo Brinkmann erinnerte bei dieser Feier 1971 an die Gründungsüberlegungen und alle zusammen stießen auf die erfolgreiche Zusammenarbeit an.

Als die Mitglieder der St.-Vincentius-Gemeinde nach dem Einsturz des Kirchturms eine Notunterkunft gefunden hatten, bauten sie das Krankenhaus wieder auf. Im Juni 1948 konnte das Hauptgebäude des St.-Vinzenz-Krankenhauses wieder bezogen werden, das evangelische Krankenhaus war ebenfalls bald wieder betriebsbereit. Bereits 1956 und dann wieder in den 1960er-Jahren konnten beide Krankenhäuser weiter ausgebaut und vergrößert werden.

Seit 1965 war in Notfällen die Hilfe noch schneller an Ort und Stelle, denn der Kreis Dinslaken verfügte seit Oktober über einen Notarztwagen.

Richtfest für den neuen Teil des evangelischen Krankenhauses.

Im Juli 1961 besuchte der Regierende Bürgermeister von Berlin, Willy Brandt, die 31 Berliner Waisen, die als Ferienkinder in Dinslaken und im Anita-Thyssen-Heim untergebracht waren. Die aus dem Fernsehen bekannte Ansagerin Irene Koss fragte die Kinder nach ihren Eindrücken und die lokale SPD nutzte die Gelegenheit zur „politischen Propaganda", was in der lokalen Presse nicht so gut ankam.

Im September 1953 wurde Dr. Heinrich Lübke (CDU) im Wahlkreis Dinslaken-Rees zum Bundestagsabgeordneten gewählt. Auch als Minister besuchte Lübke seinen Wahlkreis häufiger, besichtigte die Trabrennbahn am Bärenkamp oder feierte gemeinsam mit Franz Josef Strauß im Juni 1954 das 50-jährige Jubiläum der KAB. 1959 wurde Lübke zum Bundespräsidenten gewählt. Auf dem Bild begrüßte Heimatvereinsvorsitzender Elmar Sierp ihn anlässlich eines Besuchs.

3
Kultur, Küche, Kirche

Wichtiger Teil des kulturellen Lebens in Dinslaken stellt seit den 1950er-Jahren die zunächst „Theaterverein Burghofbühne" genannte Truppe um Kathrin Türks dar. Bis 1967 realisierte sie vor allem Bergarbeitervorstellungen, aber auch Kindertheater, später lag der Schwerpunkt auf Gegenwartsliteratur. Beliebt waren auch der Madrigalchor, das Dinslakener Kammerorchester sowie, neben den Gesangsvereinen, die neu gegründeten Werkschöre und die Kirchenchöre. Bereits 1947/48 fand im Stadtbauamt eine „repräsentative" Kunstausstellung statt. Im Mai 1968 wurde das „Spiel ohne Grenzen" ausgetragen. Mit dem Anwachsen der Bevölkerung mussten auch die Kirchenkreise ständig geändert werden. Obermarxloh wurde abgetrennt, dafür Wehofen 1955 zugeordnet. Der evangelische Kirchenkreis Dinslaken wurde 1954 geändert, neue Pfarrbezirke genehmigt und Pfarrstellen eingerichtet. 1959 wurden in der Klarastraße die Erlöserkirche und in Hiesfeld das Kloster Heilig Geist gegründet, 1960 der Grundstein zur Friedenskirche gelegt. Dinslaken galt einst, im Zusammenhang mit dem Viehhandel, als Hochburg der Kneipen und Gaststätten. Die Küche war sicherlich ländlich-deftig. Einen besonderen Ruf hatten in den 1950er-Jahren das „Burghotel", das Tanzlokal „Schlosscafé Dölken" und der „Malerwinkel".

Zum Stichwort Kultur fiel einem Dinslakener in den 1950er-Jahren automatisch das seit 1934 bestehende Burgtheater ein. Den Blick vom Dach des benachbarten Gymnasiums fing Helmut Boelter im Jahre 1954 ein.

Großes Theater fand 1947 im Burgtheater statt, als eine Inszenierung des „Wilhelm Tell" von Friedrich Schiller aufgeführt wurde. Die Freilichtaufführungen waren ein Publikumsmagnet und die junge Theatertruppe um Kathrin Türks, angesiedelt in Lohberg, verband ihren Namen mit dieser Spielstätte.

Begeisterung löste bei den rund 3.000 zuschauenden Schulkindern die „Schneewittchen"-Aufführung der Burghofbühne im Sommer 1957 aus, besonders, weil Schüler der Möllener Volksschule und des Dinslakener Gymnasiums als Waldtiere und Zwerge mitspielten.

Als 1951 unter der Leitung von Kathrin Türks (1921-1986) die Burghofbühne für junge Bergleute gegründet wurde, nahm man mit dem Namen Bezug auf die traditionsreiche Spielstätte. Die Theater-Pioniere spielten in den Bergmannsbaracken und Heimen und eröffneten vielen Menschen eine ganz neue Welt. Die Abbildung zeigt „Zwei Herren aus Verona" frei nach Shakespeare in der Inszenierung von Kathrin Türks aus dem Jahre 1965.

1956 wurde das „Schauspieler-Kollektiv der Burghof" offiziell in Burghof-Bühne e.V. umgewandelt. Lange Zeit war Kathrin Türks die einzige Theater-Intendantin in der Bundesrepublik. 1965 bot die Bühne dem Dinslakener Publikum mit dem frühen Berthold-Brecht-Stück, „Mann ist

Mann“ mal wieder harte Kost. Kathrin Türks bestach in der Rolle der Kantinen-Besitzerin Leokadja Begbick vor allem durch ihren Gesang.

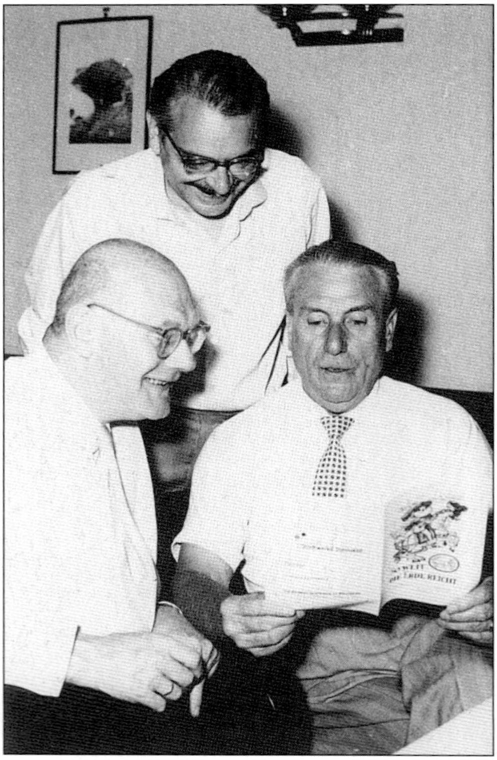

Selbst der Krefelder Schriftsteller Otto Brües (1897-1967) schrieb speziell für das Burgtheater ein Stück. „Soweit die Erde reicht" lautete der Titel ...

... und es wurde 1957 im Burgtheater uraufgeführt.

Eine Karl-May-Aufführung während der Jugendtheaterwoche des Jahres 1959 im Burgtheater. Seit 1952 führte die Stadt jährlich eine Jugendtheaterwoche auf der Freilichtbühne durch.

Auf Lohberg leistete sich die Bergwerksgesellschaft seit 1951 einen hauptamtlichen Beauftragten zur kulturellen Betreuung der Bergleute: Werner Papsdorf. In seinen Programmen fanden sich Theateraufführungen, Benimm-Vorträge von Walter Rolshofen, Tanzstunden für Berglehrlinge und von Hein Terbrüggen geführte Radtouren. Die Arbeit brach ein wenig ein, als Ministerpräsident Arnold jedem Bergmannswohnheim ein Fernsehgerät stiftete. Bis 1966 fanden 4.706 Veranstaltungen mit 124.800 Besuchern statt. In der Bildmitte sieht man Werner Papsdorf bei einem „Schnelldenkerturnierabend“.

Der Maler Karl Heiduck (1909-1969) folgte, wie es Werner Papsdorf ausdrückte, den Sternen in seiner Brust. Seine wichtigsten Werke schuf er im Stil des Expressionismus. Er lebte lange Zeit auf Haus Ahr, später in Lippedorf. Heiduck hinterließ an und in vielen Dinslakener Gebäuden Spuren seines Schaffens.

In der Lohnhalle der Schachtanlage Lohberg, die hier während einer Barbarafeier zu sehen ist, findet sich ein Wandbild Heiducks.

Seit 1969 kürt der Dinslakener Heimatverein jährlich eine junge Dinslakenerin zur „Pumpenmarie", um so an die legendäre junge Frau zu erinnern, die einst durch einen Flirt mit einem Kosaken die Stadt vor der Plünderung durch die 1813/1814 stationierten russischen Truppen gerettet hatte.

Zur Kulturszene gehörte das Dinslakener Kammerorchester. Wilhelm Müller hatte diese Streichergruppe zur „Pflege der Kammermusik und des gemeinsamen Musizierens mit Geige, Bratsche, Cello und Kontrabass" 1953 an der Volkshochschule gegründet.

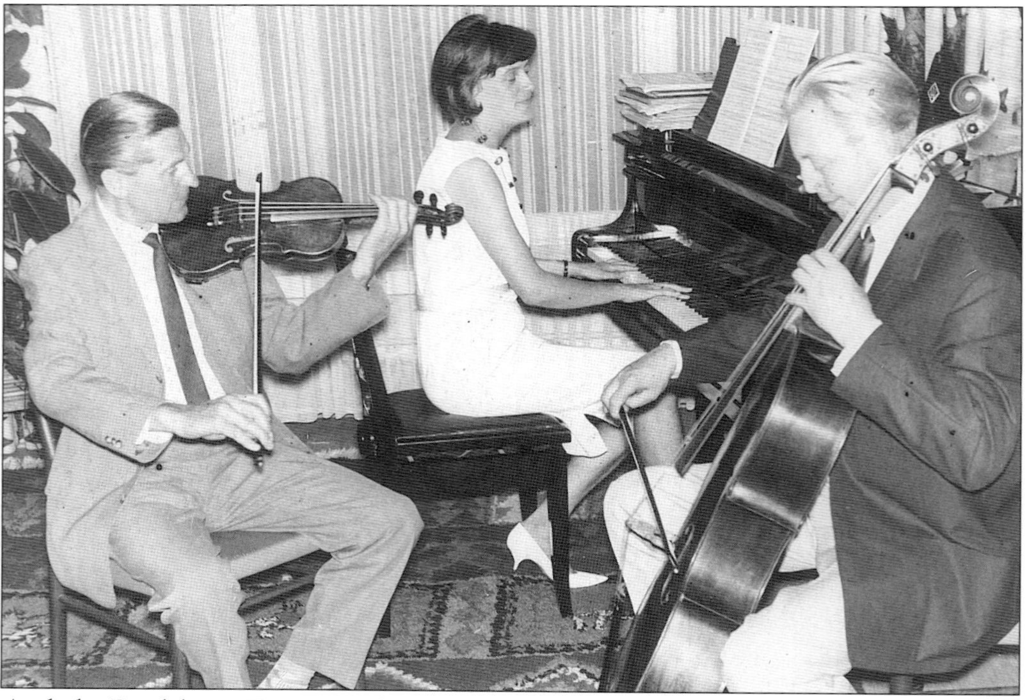

Auch das Dinslakener Trio war in den 1950er-Jahren eine bekannte Größe. Das Publikum verdankte Hiltraud Bison, Wilhelm Müller und Max Stangenberg so manche schöne Stunde.

Bevor die Stadthalle 1973 errichtet wurde, fanden zahlreiche Veranstaltungen bei Hackfort im Saale statt, seien es Abschlussbälle der Tanzschulen, Karnevalsveranstaltungen oder dieses Konzert der Gymnasien im Jahre 1958.

Nicht nur in den Kirchengemeinden oder in privaten Vereinigungen fand man sich zum Gesang zusammen. Auch in verschiedenen Großbetrieben bildeten sich nach dem Krieg Männerchöre: bei den Mannesmannröhren-Werken, bei der Westfälischen Union oder bei Pintsch-Bamag. Das Bild zeigt den Gesangsverein „Kameradschaft“ der August-Thyssen-Hütte.

Die Gaststätte „Malerwinkel“ vereinte in einzigartiger Weise Kunst und Kultur: Die Wirtin Grete Miebach sorgte für das leibliche Wohl der Gäste, ihr Ehemann Adolf Miebach war ein bekannter Kunstmaler. Über viele Jahre war die ein wenig einsam gelegene Gaststätte etwas Besonderes. Später eröffnete hier eine der ersten Pizzerien in unserem Raum.

Neben der Werbung für den „Malerwinkel“ fand sich in den Einwohneradressbüchern der 1950er-Jahre bereits eine Anzeige der ersten Italiener, die die Dinslakener Küche mit einer Milchbar bereicherten.

Als Treffpunkt für Wochenendvergnügen war der „Schlosspavillon Dölken“ an der Ecke Schloss- und Heinrich-Nottebaum-Straße allen Tanzbegeisterten bestens bekannt.

Das „Burghotel“ war in einem Seitentrakt des Kreishauses untergebracht und bot ansehnliche Übernachtungsmöglichkeiten in bester Lage.

Drei katholische und vier evangelische Kirchen gab es bis 1945 in Dinslaken. Zu den ältesten zählen die evangelische Kirche in Hiesfeld, St. Vincentius in der Stadtmitte und die evangelische Stadtkirche. Der Anstieg der Bevölkerung führte dazu, dass kontinuierlich neue Kirchengemeinden gegründet und neue Kirchen errichtet werden mussten. Das Foto zeigt St. Vincentius von der Schule an der Gartenstraße her gesehen.

Die Fronleichnamsprozession machte im Jahre 1956 Station an einem stattlich hergerichteten Altar.

Bis 1968 gaben die Mitglieder einer Ehrengarde kirchlichen Veranstaltungen, insbesondere der Fronleichnamsprozession, ein festliches Gepräge. Mit den Federbüschen auf den Admiralshüten und den gezogenen Degen gab die Garde ein eindrucksvolles Bild ab.

Blick auf die evangelische Kirche aus einem der rahmenlosen Fenster des alten Kastells im Jahre 1952. Das Auge bleibt unwillkürlich an den schön blühenden Bäumen im ehemaligen Hundspoot hängen.

Eine wunderbare Ansicht der Kirche durch zerstörte Häuser hinweg hielt Horst Scholz im Februar 1954 für die Nachwelt fest.

Die Mitglieder der Synode Dinslaken eilten durch die Stadt.

Superintendent Brinkmann geleitete die Konfirmanden im März 1958 auf ihrem Weg. Er wirkte zunächst an der Stadtkirche und war seit 1961 Pfarrer an der neuen Friedenskirche.

Eine der neu entstandenen Kirchen war die Friedenskirche, deren Grundstein 1960 gelegt und die im April 1961 eingeweiht wurde. Bald gehörten auch die Bewohner Eppinghovens zum Pfarrbezirk.

Das Spannungsfeld zwischen Kirche und Bergbau stellt dieses Foto von Theodor Lohre aus dem Jahre 1957 dar. 1954 wurde die Kirche der neuen evangelischen Kirchengemeinde Lohberg geweiht.

Endlich sind auch die neuen Glocken in Lohberg angekommen und werden im Glockenstuhl angebracht, um ihr Friedenswerk zu erfüllen.

Zusätzlich zu den zahlreichen Kirchengründungen ließen sich im Mai 1959 niederländische Passionisten-Patres aus Mook bei Nymwegen in Hiesfeld nieder. Sie gründeten nach 151 Jahren erneut ein Kloster im Raum Dinslaken, das den Namen Heilig Geist erhielt. Die 1958 errichtete Kirche wurde 1965 zur Pfarrkirche erhoben.

4
Schule, Sport, Freizeit

Seit der Einrichtung der ersten Schule in Dinslaken im Jahre 1321 sind zahlreiche Bildungseinrichtungen hinzugekommen. Seit 1901 gab es ein Realgymnasium, allerdings konnten dort zunächst nur Jungen das Abitur ablegen. Seit 1951 gab es zwei Gymnasien in Dinslaken: das Städtische Mathematisch-Naturwissenschaftliche Jungen-Gymnasium und das Städtische Neusprachliche Mädchen-Gymnasium. Das Einwohneradressbuch für 1956 führt darüber hinaus neun evangelische Schulen, fünf katholische, je eine Gemeinschafts- und eine so genannte Hilfsschule auf. Zusätzlich dienten Berufs-, Handels- und Landwirtschaftsschulen damals wie heute der Weiterbildung. Bis in die 1960er-Jahre hinein wurden zahlreiche Schulneu- und Erweiterungsbauten errichtet. Ein Besuch des Schullandheims des Landkreises Dinslaken, des Hauses Bremen auf Norderney, war für die meisten Kinder eine der ersten größeren Reisen und diente zusätzlich der Gesundheit. Im Pestalozzidorf, einem Jugenddorf für Berglehrlinge, wurden die jugendlichen Berglehrlinge während ihrer Ausbildung in einer familiären Situation untergebracht und betreut.

Die 1950er- und 1960er-Jahre waren geburtenstarke Jahregänge. Die deutsche Bevölkerung wuchs rasch an. In Dinslaken wurden zum Beispiel im Jahre 1959 auf 1.000 Einwohner 18 Kinder geboren, 1965 waren es 22 Kinder.

„Feierabend“ nannte der Fotograf Rolf Terbrüggen seine Aufnahme und setzte „Rast auf einer Bank am Kreishaus 1957“ hinzu.

Nach dem Krieg entstanden in Dinslaken zunächst kirchliche Kindergärten, zwei katholische und drei evangelische. Die Situation auf dem Bild ist typisch, alle warten brav und gesittet auf die Aufnahme, nur den kleinen Bruder drängt es zum Spielzeug. Die frisch gestärkten, weißen Schürzen der weltlichen Kindergärtnerinnen waren ein typisches Attribut der Frauen bis weit in die 1960er-Jahre hinein.

Ohne Scheu trug die kleine Schar den Müttern vor, was sie auf den Instrumenten der musikalischen Früherziehung eingeübt hatte.

Zur neuen Aufmerksamkeit, die den Kindern gewidmet wurde, passte die Einrichtung von öffentlichen Kinderspielplätzen. Die kleinen Mädchen suchten im September 1957 mit ihren Puppenwagen den Spielplatz in der Althoffstraße auf. 1958 legte man in Dinslaken elf Spielplätze an, eine Revolution, wenn auch mit ein wenig Verspätung.

Der aufkommende Autoverkehr gefährdete besonders die kleineren Kinder, die von den schnellen Autofahrern leicht übersehen werden können. Eine Hilfe auf dem Schulweg boten Schülerlotsen. Hier wurde im Burgtheater das richtige Verhalten geübt.

Mütter und Kinder wirkten nicht sonderlich erfreut. Lag es am kalten Wetter, dass alle so warm angezogen waren? Der Schulbeginn lag bis 1966/67 nach den Osterferien und wurde danach durch zwei verkürzte Schuljahre auf den Herbst vorgezogen. Aber eine Schultüte, gefüllt mit den schönsten Köstlichkeiten, gab es trotzdem.

Nach dem Ende des Zweiten Weltkriegs wurden viele Schulen neu erbaut: Neue Grundschulen entstanden, 1954 wurde eine Kreisberufsschule eingeweiht, eine Sonderschule (Fröbelschule) und das seit 1954 selbstständige Mädchengymnasium erforderten ständige Um- und Neubauten. Das Bild zeigt die Grundsteinlegung der Kreisberufsschule im Juli 1952.

Noch 1958 gab es im Stadtbild solche Kontraste: Im Hintergrund wurde eine Turnhalle neu errichtet, im Vordergrund stand ein vom Krieg zerstörtes Gebäude. In der Mitte eroberte sich die Natur das Gelände zurück.

Welches Ei mag der Osterhase dem staunenden kleinen Mädchen wohl ins Nest gelegt haben?

Kinder fanden und finden zu allen Zeiten Interessantes auf ihrem Schulweg. Ein für die Nachkriegszeit typisches Accessoire waren die Ledertornister, die damals noch Ranzen genannt wurden. Die Kleidung der Jungen ist ebenfalls kennzeichnend für die 1950er-Jahre.

Den jungen Leute, die 1950 in die Arbeitswelt entlassen wurden, sah man die Kriegserlebnisse noch an.

Um wie vieles beschwingter und fröhlicher wirkt hingegen dieses Schulabschlussfoto, das ein paar Jahre später entstand und Rektor Liesdorf und seine Schützlinge zeigt.

Zunächst musste sich das Städtische Neusprachliche Mädchen-Gymnasium die Räumlichkeiten mit dem Jungengymnasium an der Voerder Straße teilen. Am 23. April 1964 erhielt das Mädchengymnasium in einer feierlichen Übergabe ein eigenes Gebäude an der Scharnhorststraße.

Im Jahre 1966 wurde das alte Jungengymnasium in ein mathematisch-naturwissenschaftliches und ein neusprachliches Gymnasium aufgeteilt. Ein Jahr später wurde ersteres nach dem Nobelpreisträger für Chemie Professor Otto Hahn benannt, der als betagter Herr im Juni selbst zur Schuleinweihung kam.

Geistiges Rüstzeug

gibt allen vorwärtsstrebenden Männern und Frauen die Volkshochschule des Kreises Dinslaken. Sie will ihren Hörern helfen durch Erweiterung des Wissens und Schärfung der Urteilskraft einen festen Standpunkt im Leben zu finden.

Das Wintersemester 1948/49

sieht folgende Lehrgänge vor:

Systematisches Philosophieren

Deutsche kirchliche und weltliche Barockkunst
(5 Lichtbildervorträge Dr. Griebitzsch)

Moderne Geister in Literatur und Dichtung

Einführung in die zeitgenössische Musik

Die Dämonie der Macht in der deutschen Geschichte

Die Neuordnung d. Steuern nach der Währungsreform

Einführung in die Chemie
(mit zahlreichen Versuchen)

Englisch für Anfänger und Fortgeschrittene

Italienisch

Volksmusik

Figürliches Zeichnen

Arbeitsgemeinschaften im Kunstschaffen

Allgemeinbildende Fächer:
Gutes Deutsch — Bürgerliches Rechnen — Arithmetik für Anfänger u. Fortgeschrittene — Geometrie

Anmeldungen und nähere Auskunft bis zum 5. Oktober in den Buchhandlungen Terbrüggen und Bergmann (Dinslaken), Vogt (Walsum) und beim Kreis-Kulturamt Dinslaken (Gewerbehaus), Duisburger Straße.

Am 18. Oktober 1945 wurde der Rahmen für die Erwachsenenbildung durch die Volkshochschulen geschaffen, „um ein enttäuschtes, besiegtes, hungerndes und frierendes Volk vor der Verzweiflung und Teilnahmslosigkeit zu bewahren und ihm neue Wege und Ziele zum Wiederaufbau zu zeigen", wie es der Oberpräsident der Nordrheinprovinz in seiner Verfügung formulierte. Im Winter 1946/47 bot die Volkshochschule Dinslaken die ersten Kurse an.

Vielfach umworben durften sich Dinslakener Jugendliche im Sommer 1958 fühlen, zumindest am Tag der Jugend, den diese Plakatwand anpries.

Felix Mittmann hielt im Bild fest, wie hoch die Pfadfinder bei ihrem Treffen am Burgtheater im Jahre 1958 hinaus wollten.

Ein vergleichsweise recht preiswertes und sehr legeres Freizeitvergnügen kam in den 1950er-Jahren in Mode: Die Deutschen packte das Camping-Fieber. Es musste nicht immer die Reise nach Rimini sein, um sich an der frischen Luft zu erholen, wie diese Aufnahme vom Juni 1958 beweist.

Beim Pfingstausflug 1956 traf man sich zu Spiel und Gespräch. Obwohl die Blüte herrlich aussieht, scheint es noch recht kühl gewesen zu sein.

Die Ankunft des Zirkus' in der Stadt versprach Abwechslung im Alltag. Zur Gaudi, aber auch unter den skeptischen Blicken der Beobachter fegte das Elefantenbaby die Neustraße.

Im Pestalozzidorf in Dinslaken-Hiesfeld, dem ersten Jugenddorf für Berglehrlinge im Ruhrgebiet, waren die elternlosen Jugendlichen während ihrer Ausbildung familiär untergebracht und wurden von einem Erzieherpaar betreut.

Die Bilder auf dieser Seite zeigen die Bergknappen in ihrer Freizeit im Jahre 1955.

1952 wurde der Luftsportverein des Kreises Dinslaken, „Der Steuerknüppel", gegründet. In den Folgejahren taufte die Stadt verschiedentlich Fahrzeuge auf ihren Namen: 1955 einen Segelflieger und 1959 sogar ein BP-Tankschiff. Aufschwung nahm die Segelfliegerei, als 1960 die Schwarze Heide zum Flugplatz ausgebaut und die Flugplatzgesellschaft Schwarze Heide gegründet wurde.

Beim Boxen dürfen die Schläge mit den gepolsterten Handschuhen nur oberhalb der Gürtellinie platziert werden. Der Kampf, vom Ringrichter genau beobachtet, geht über drei bis fünfzehn Runden von je drei Minuten. 1956 wurde beim VfB Lohberg eine Boxabteilung eingerichtet. Der abgebildete Kampf fand 1957 statt.

Vor dem Spiel ist nach dem Spiel, dachte sich die Mannschaft des VfB Lohberg, deshalb waren Höflichkeit und sogar ein Blumenstrauß für eine freundschaftliche Atmosphäre nützlich. Vielleicht wurde der Strauß aber auch anlässlich eines Jubiläums oder einer Einweihung überreicht.

Und wieder war es Theodor Lohre, der ein Fußballspiel auf der Dorotheenkampfbahn im Jahre 1958 im Bild festhielt.

Viele Menschen hörten den Namen Dinslaken zum ersten Mal während der Olympischen Spiele 1952, und zwar im Zusammenhang mit Maria Sander-Domagalla. Die „Hürden-Maria" gehörte damals zu den erfolgreichsten deutschen Leichtathletinnen. Bei den Olympischen Spielen in Helsinki gewann sie die Bronzemedaille über 80-Meter-Hürden. Mit der Mannschaft gewann sie in der 4x100-Meter-Staffel eine Silbermedaille. Die Herren links und rechts neben ihr sind Rolf Lamers und Günter Hesselmann, ebenfalls vom Spiel- und Sportverein Dinslaken 09 und Olympia-Teilnehmer.

25.000 Menschen und der WDR bereiteten den Olympiateilnehmern einen triumphalen Empfang. Zwei Jahre später, im Juli 1954, wurde Maria Sander-Domagalla Deutsche Meisterin im Frauen-Fünfkampf, im gleichen Jahr errang sie bei der Europameisterschaft in Bern die Silbermedaille.

Das erste offene Reitturnier in Hiesfeld 1949 war ein wahres Volksfest. 75 Pferde erschienen am Start. In der Folge fanden verschiedene Reit- und Kreisreiterturniere in Hiesfeld statt. Die Hiesfelder Reiter machten sich dafür auch unter unglaublichen Schwierigkeiten zu entfernten Turnierorten auf. In den 1950er-Jahren nahmen sie sogar an einem Landesturnier teil. Vom Erfolg beschwingt, erhielt der Reit- und Fahrverein Dinslaken-Hiesfeld 1968 auf dem Gelände der Oberförsterei Hiesfeld einen Turnierplatz und drei Jahre später konnte eine Reithalle in Betrieb genommen werden.

5
Vereine, Feste, Feierlichkeiten

Neben Schützen- und musische Vereine traten in den 1950er-Jahren neue Formen und Inhalte des Vereinslebens. Ob Philatelisten oder Vogelfreunde, Schachfreunde oder Fotografen, die Menschen organisierten sich. Und selbst der Karneval hielt mit der Gründung der Eppinghovener Karnevalsgesellschaft „We sind wer dor" und des Dinslakener Karnevalsvereins in den 1950er-Jahren Einzug. Die Menschen nutzten nach den langen Entbehrungen jede Gelegenheit zum Feiern, sei es in der Familie oder im öffentlichen Raum, denn Feste ließen den oft schwierigen Alltag vergessen. 1948 feierte die Stadt ihr 675-jähriges und 25 Jahre später ihr 700-jähriges Bestehen in ganz großem Stil. 1950 fand anlässlich des 60-jährigen Bestehens der Kolpingfamilie Dinslaken ein Handwerkerzug der Innungen statt, und 1951 gab es eine Heimatwoche des Kreises Dinslaken in Verbindung mit der Kreis Dinslakener Wirtschaftsausstellung, „KADIWA" genannt. Neben diesen herausgehobenen Veranstaltungen beging man alljährlich Schützenfeste und Kirmessen, Jubiläen, Karneval und Weihnachten.

Man glaubt es kaum, doch das Foto beweist, dass 1946 eine Kirmes stattfand und vor „Gies Box Schau" ein großes Gedränge herrschte. Unbekannt ist, welche Boxkämpfe hier präsentiert wurden.

Die Goldene Hochzeit ist ein seltenes Fest, und gerade in der Zeit nach dem Zweiten Weltkrieg dürfte es nicht vielen Eheleuten vergönnt gewesen sein, gemeinsam alt zu werden. Die Eheleute Heinrich Beckmann aus Eppinghoven begingen diesen Feiertag, den 4. Mai 1951, daher besonders festlich. Umringt von Kommunionkindern stellten sie sich stolz dem Fotografen.

Am 11. September 1948 wurde in Dinslaken ein Rennverein gegründet und sechs Jahre später konnte eine Trabrennbahn eröffnet werden. Welch enorme Erfolgsgeschichte sich daraus entwickeln würde, ahnte damals wohl niemand. Willi Scholt gewann 1959 mit dieser Aufnahme der Trabrennbahn einen 3. Preis in einem Fotowettbewerb.

Seit der Traber-, Zucht- und Rennverein 1959 eine Fläche am Bärenkamp gepachtet und die Rennbahn errichtet hatte, lockte die Bahn tausende von Besuchern an. 1972 wurde in Dinslaken die erste Kunststoffpiste Europas aufgebaut, und der Umsatz erreichte bald 25 Millionen DM im Jahr. Diese Luftaufnahme stammt aus dem Jahre 1959.

In den ersten Jahren fanden auf der Trabrennbahn zusätzlich noch Windhunderennen statt. Im Oktober 1957 startete das erste Windhunderennen auf Bundesebene am Bärenkamp.

Am 6. August 1950 fand anlässlich des 60-jährigen Bestehens der Kolpingsfamilie ein großer Handwerkerzug statt. Die Innungen hatten dafür 15 Wagen hergerichtet und etwa 10.000 Menschen säumten die Straßen der Stadt, so heißt es in der Berichterstattung.

Die Menschen schlossen sich zu zahlreichen neuen Vereinigungen – Briefmarkensammler, Kleingartenpächter oder Kaninchenzüchter – zusammen. Doch auch alte Traditionen wie das Kegelspiel wurden gepflegt, waren aber nicht mehr nur den Männern vorbehalten. In den 1950er-Jahren eroberten die Frauen neues Terrain. Ihren Spaß hatten die Teilnehmerinnen mit Sicherheit.

Ein wahres Prachtexemplar war diese Runkelrübe, die Karl Freesmann und Heinrich Bellingröhr im Jahre 1960 ernteten. Sie brachte 27 Pfund auf die Waage.

In der Gaststätte Freesmann in Eppinghoven traf man sich, tauschte sich aus und drosch einen zünftigen Skat. Die Skatbrüder auf dem Foto aus dem Jahre 1948 waren Heinrich Kamps, Johann Bergmann, Anton Krüßmann, Franz Köffer, Heinrich Olland, Studienrat Weber und Wenzel Jansen.

Einst verteidigten die Schützen die Stadt. Seit langem schon schießen sie nur noch auf Scheiben. Beim Schützenfest, wie hier in Eppinghoven, wurde und wird kräftig gefeiert. König war im Jahre 1951 Heinrich Bellingröhr, als Königin wählte er Änne Kamps.

Es ist ein guter alter Brauch, dass der Bürgermeister die Königspaare im Rathaus empfängt, so auch im August 1955, als Bürgermeister Lantermann die Königspaare im festlich geschmückten Sitzungssaal begrüßte.

Es musste nicht immer der Tanzabend beim Schützenball sein. Auch zu anderen Anlässen stemmten die Herren ihre Liebste in die Höhe. Obwohl es nicht so aussieht, als hätten die Tänzer im Jahre 1957 einen Rock'n'Roll hingelegt.

Die Jecken waren los und vorm Rathaus stand die Bütt. In der fünften Jahreszeit des Jahres 1964 hatten die Narren offensichtlich viel Spaß an ihrem Regiment.

Die noch nicht zur Fußgängerzone umgebaute Neustraße im festlichen Lichterglanz. Doch die regenfeuchte Straße und die wenigen Passanten lassen eine leicht melancholische Stimmung aufkommen.

1956 standen zwar wenige Leute am Straßenrand, um den Turnerumzug in Hiesfeld zu beobachten, dafür waren umso mehr Teilnehmer dabei.

Das Jahr 1973 ist in der jüngeren Dinslakener Stadtgeschichte von ganz herausragender Bedeutung. Die Stadt konnte auf eine 700-jährige Geschichte zurückblicken und feierte dies im August mit einem großen Stadtfest. Die in der Folge alljährlich stattfindenden DIN-Tage waren geboren.

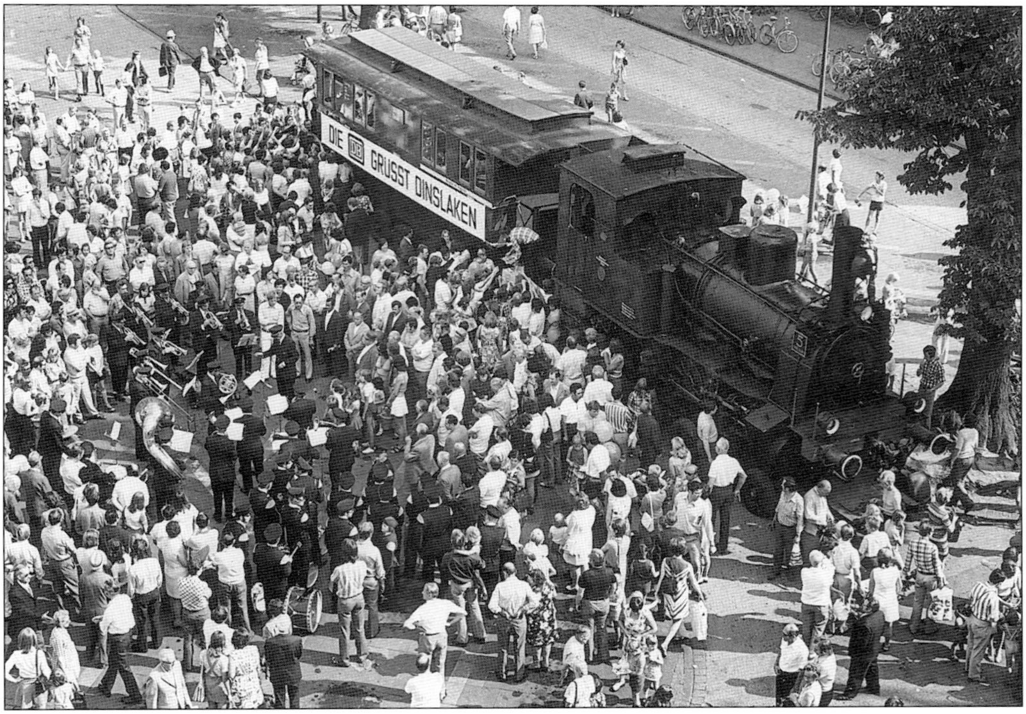

Zur 700-Jahr-Feier fand am 7. September 1973 eine Sondersitzung des Rates in der Stadthalle statt. Viel Prominenz, zahlreiche Ratsmitglieder und interessierte Bürger nahmen an dieser festlichen Veranstaltung teil.

Im Jahr des Stadtjubiläums schloss die Stadt Dinslaken mit der südfranzösischen Stadt Agen einen Partnerschaftsvertrag, doch es dauerte noch zwei Jahre bis zum Abschluss einer offiziellen Städtepartnerschaft. Auf dem Bild sieht man den Dinslakener Bürgermeister Karl-Heinz Klingen und den Maire von Agen, Dr. Pierre Esquivol.

Wer groß feiern möchte, braucht einen Raum dafür. Außerdem hoffte man, dass Funk und Fernsehen auf Dinslaken aufmerksam und künftig ein Augenmerk auf die hiesigen Ereignisse werfen würden. Deshalb begann man 1971 eine Stadthalle zu errichten, die pünktlich 1973 fertig gestellt war. Bürgermeister Lantermann legte mit Hammer und Wasserwaage den Grundstein.

Das Volkspark-Bad mitsamt einer Sauna war ebenfalls ein Geschenk an die Bürger zum Stadtjubiläum. Doch ins Schwitzen kamen die Dinslakener einige Jahre später nicht nur durch die neue Sauna, sondern auch durch die entstandenen Folgekosten. Die Aufnahme entstand während der Bauphase 1974.

6
Wirtschaft und Siedlungen

Während die Nachbarstädte wie Phönix aus der Asche stiegen, brüteten die Kämmerer und Kommunalpolitiker des Kreises Dinslaken in den 1950er-Jahren darüber, wie sie die chronischen Defizite in den öffentlichen Kassen in den Griff bekommen sollten. Großer Nachholbedarf der öffentlichen Hand, geringe Steuereinnahmen durch den Verlust des Bandeisenwalzwerkes und eine relativ schwache Infrastruktur machten allen Verantwortlichen die größten Sorgen, so jedenfalls beschrieb Karl Wagemann 1963 die Situation. Doch neue Unternehmen wie das Eisen- und Stahlwerk Rötzel und die Rohr- und Stahlbau GmbH ließen sich auf dem Gelände des ehemaligen Walzwerks nieder. Daneben waren die Zeche Lohberg, das Eisenwerk Meyer, die Rheinischen Röhrenwerke und die Drahtwerke Westfälische Union Träger des Aufschwungs. Auch das schier unglaubliche Bevölkerungswachstum bescherte der Stadt einen nicht geahnten Bauboom. 6.600 Wohnhäuser waren im Krieg zerstört oder erheblich beschädigt worden. Allein mehr als 5.000 Deutsche, aus ihrer Heimat im Osten vertrieben, fanden im Kreis Dinslaken Aufnahme. Seit 1959 sind Italiener als größere Gruppe in Lohberg vertreten, nach 1960 kamen griechische, türkische und koreanische Gastarbeiter. In den 1970er-Jahren trafen die ersten Aussiedler aus Polen ein, 1972 begannen 156 Arbeiter aus Südkorea auf dem Schacht Lohberg.

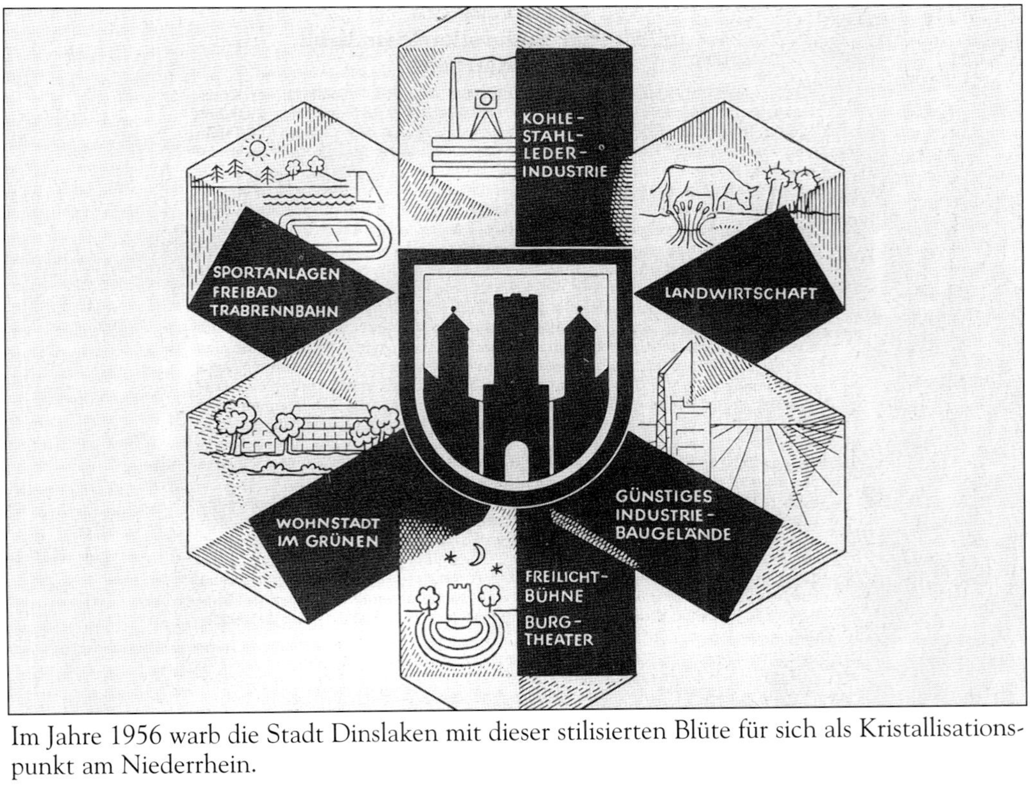

Im Jahre 1956 warb die Stadt Dinslaken mit dieser stilisierten Blüte für sich als Kristallisationspunkt am Niederrhein.

Ursprünglich war die Umgebung Dinslakens von der Landwirtschaft geprägt. Doch nach dem Krieg wurden nur noch wenig Getreide, Gemüse oder Kartoffeln angebaut, dagegen gewann der Anbau von Blumen und Zierpflanzen an Bedeutung. Entscheidend waren jedoch die Rindviehhaltung und die Milchwirtschaft. 1960 gab es 456 hauptberuflich bewirtschaftete Betriebe.

1960 waren in der Landwirtschaft des Landkreises Dinslaken noch 3.000 Arbeitskräfte beschäftigt, überwiegend Frauen. Auch hier sammeln sie Kartoffeln auf, während der Bauer mit seiner Zugmaschine und dem Kartoffelroder die Ernte vorbereitet.

Seit 1478 hat Dinslaken das Recht, dienstags einen Markt abzuhalten. Viele Jahrhunderte wurden hier außer Lebensmitteln auch Leder, Stoffe, Werkzeuge und sogar Waffen angeboten. Ein Anziehungspunkt war das Marktgeschehen für die Städter zu allen Zeiten. Die Händler standen unter einem einfachen Zeltdach, umringt von Kisten, in denen sie ihre Waren feilboten.

Die Aufnahme zeigt, dass der Viehmarkt in den 1950er-Jahren schon mit dem Kirmesgeschehen verbunden war.

Die Freundlichkeit der Ladeninhaberin trug viele Jahre neben der Qualität der Produkte zum wirtschaftlichen Erfolg bei. In den 1950er-Jahren gab es noch Tante-Emma-Läden, in denen man sich aus großen Gläsern und Verpackungen auch kleine Mengen abmessen lassen konnte.

Doch die Konkurrenz der großen Kaufhäuser mit ihrem umfangreichen Warenangebot und ihren unvergleichlichen Möglichkeiten, die Kunden zu locken, machten auch vor Dinslaken nicht Halt. Die Kunden im Schlussverkauf von 1958 wussten die große Auswahl zu schätzen, wie man sieht.

Ein wenig städtisches Flair zog in Dinslaken ein, als 1949 das Wallkaufhaus in der Hauptstraße, der heutigen Friedrich-Ebert Straße, eröffnete. In Walsum, in Lohberg und in Vierlinden konnten bald Filialen angesiedelt werden. Bevor das Kaufhaus „Wall" 1961 in das neue benachbarte Haus am Kreisverkehr einzog, mussten erhebliche Umbauten durchgeführt werden.

Lange Zeit lag der Platz des ehemaligen Viehmarktes am Neutor brach. Erst 1965 eröffnete Hertie hier ein Kaufhaus. Doch bereits im September brannte der Neubau ab. Die Aufnahme stammt aus den 1970er-Jahren.

Bis in die 1950er-Jahre brachte der Milchbauer Prior, hier mit seiner Tochter, die Milch von der Molkerei neben der Trabrennbahn bis an die Haustür der Verbraucher. Sein braves Pferd Fritz hielt auch vor der Gaststätte Gansen in Oberlohberg.

Es gab verschiedene heimische Tiefbauunternehmen, die am Wiederaufbau der Straßen maßgeblich beteiligt waren. Heisterkamp, Goebel oder Zimmermann waren nur einige von ihnen. Die Arbeit mit dem abgebildeten Ungetüm trug dazu bei, dass die Straßen den Anforderungen des Verkehrs gewachsen waren. Allerdings war nicht zu ermitteln, welche Firma auf dieser Baustelle arbeitete.

Aus einer Kupferschmiede entwickelte einer der letzten privaten Unternehmer in der Stahlindustrie, Senator Friedrich Meyer, in der Luisenstraße in Dinslaken ein Mittelstahlwalzwerk. Seine Liebe gehörte den Pferden und der Heimatpflege.

Erstmalig im Kreis Dinslaken floss flüssiger Stahl in eine Pfanne. Im neuen Stahlwerk von Friedrich Meyer fand am 27. Oktober 1961, dem Geburtstag des Firmeninhabers, unter den Augen zahlreicher Ehrengäste der erste Stahlabstich statt. Da die Wohnbauten jedoch immer näher an das Stahlwerk rückten, protestierten die Anlieger in den folgenden Jahren immer wieder gegen die Lärmbelästigung und den durch das Stahlwerk verursachten Schmutz.

Die Firma Signode produziert Stahlbänder. Sie verlegte ihren Firmensitz nach Dinslaken und eröffnete 1959 ein neues Werk. Das Foto zeigt die Bauarbeiten im Jahre 1958.

Die städtische Viehhalle an der Hünxer Straße im Jahre 1948. Die Firma Pintsch-Bamag, die Antriebs- und Verkehrstechnik produziert, übernahm später das Areal, ließ das Haus abreißen und ein neues Verwaltungsgebäude errichten.

Im November 1950 wurde der Großviehmarkt eingestellt und sechs Jahre später die Viehhalle an die Pintsch-Bamag GmbH verkauft, die in den 1950er-Jahren einen Neubau errichtete. 1970 übernahmen neue Besitzer die beiden Pintsch-Werke im Kreis Dinslaken.

Kurz nach der Gründung der Armco-Thyssen Breitbandverarbeitungs GmbH im Jahre 1956 begann die Gesellschaft, eine neue Halle zu errichten. Im Oktober 1970 bezog die Firma in der Julius-Kalle-Straße 55 ein neues Verwaltungsgebäude.

Bereits im Juni 1951 wurde die Heimatwoche des Kreises Dinslaken in Verbindung mit einer „Kreis Dinslakener Wirtschaftsausstellung“ durchgeführt. Im ersten Jahr erschien dazu eine Denkschrift des Kreises, die die Lage und die Aufteilung der Wirtschaftsausstellung zeigt. Der Plan stammt aus dieser Denkschrift.

Die Aufnahme entstand während der Eröffnung der Wirtschaftsausstellung im Jahre 1964. Diese Ausstellungen wandten sich an den Endverbraucher, sie sollten belehrend, demonstrativ und allgemein werbend sein, so formulierte es Hans Erberich in der Denkschrift des Kreises.

Von 11.000 im Landkreis Dinslaken in der Industrie Beschäftigten waren 1950 8.000 Menschen im Kohlenbergbau tätig. Auf der Zeche Lohberg förderten 2.910 Menschen 1.339 Millionen Tonnen Steinkohle. Seit 1972 gab es Kurzarbeit auf den Schachtanlagen Lohberg und Walsum. Einige der Bergleute waren im Bergmannsheim an der Südstraße untergebracht.

Ansicht der Schachtanlage Lohberg.

Der Maschinenraum der Schachtanlage Lohberg, im Jahre 1957 von Erwin Kollender fotografiert. Er war damals Mitglied in der Fotographischen Arbeitsgemeinschaft Schachtanlage Lohberg 1/2.

Zum Glück ist es nur eine Übung, doch Bergwerksunglücke gab es immer wieder und bei der Bergung eines Verletzten musste jeder Handgriff sitzen, um Schlimmeres zu verhüten. Diese Übung fand im Jahre 1954 statt.

Der Blick des Betrachters schweift über Lohberg in die Weiten der Egerheide. Die Luftaufnahme des Bergwerks entstand im Winter 1956/57 und vermittelt einen Überblick über das Zechengelände. Man erkennt den Eisenbahnanschluss, den Kühlteich, die Ziegelei, die beiden Fördertürme und die Verwaltungsgebäude. Zu dieser Zeit hatte die tiefste Sohle eine Teufe von

850 Metern und das Streckennetz dehnte sich über 50 Kilometer aus. Lohberg gehörte zu den produktivsten Anlagen des Ruhrgebiets hinsichtlich Leistung, Ausrüstung und Mechanisierung unter Tage. Besonderer Wert wurde in Lohberg auf die Werksfürsorge, die Bergmannsheime und die Nachwuchsbetreuung gelegt.

Nach Kriegsende entstanden an vielen Stellen Elendsviertel und Barackenwohnungen, die den Zugezogenen und Obdachlosen als Notunterkünfte dienten. Auch die so genannten Nissenhütten gehörten zu diesen Behelfsunterkünften. Die Aufnahme entstand im Jahre 1949 in der Oswaldstraße in Walsum.

Die Barbara-Siedlung ist die älteste der Selbsthilfe-Siedlungen, die seit 1949 entstanden. Zahlreiche Siedlungen folgten, z.B. Berggeist, Bergsegen oder Bergmannsglück. Viele Bergleute kamen auf diesem Weg zu einem eigenen Heim. Die Aufnahme stammt aus dem Jahre 1954.

7
Dinslaken aus der Luft betrachtet

Nach dem Zweiten Weltkrieg erlebte die zivile Luftfahrt einen enormen Aufschwung, zunächst in den USA, etwas später in Deutschland. Auch in Dinslaken ging man seit 1960 wieder in die Luft, allerdings mit Segelfliegern und kleinen Motorflugzeugen von der Schwarzen Heide aus. Und so manches Flugzeug wurde auf den Namen „Dinslaken" getauft. Doch die Fliegerei eröffnete noch andere Perspektiven: Es wurden zur Dokumentation Luftaufnahmen gefertigt. Mit ihrer Hilfe kann man zum Beispiel heute nicht mehr sichtbare, topografische Besonderheiten wie alte Wasserläufe oder eventuelle Reste der Stadtbefestigung erkennen. Aus den 1950er-Jahren existiert eine Serie von Luftaufnahmen, die überwiegend die Firma Veka angefertigt hat. Die Bilder zeigen sowohl Partien der Stadt, als auch einzelne Siedlungen oder Unternehmen. Heute ist das Überfliegen von Städten und Gemeinden nicht mehr so lukrativ, da die Behörden die Bilder nicht mehr erwerben. Auch die Veröffentlichung unterliegt nicht mehr der Genehmigungspflicht des Regierungspräsidenten.

Diesen Blick auf Dinslaken nahm die Hamburger Aero Lloyd Fluggesellschaft 1957 auf. Der Betrachter blickt von Süden auf die Stadt. Im Vordergrund erkennt man die Krankenhäuser, die am Stadtrand liegen.

Im Vordergrund kreuzt der Rotbach die heutige B8, die damals noch Verbandsstraße hieß. Im Hintergrund führt die Voerder Straße in die Dinslakener Innenstadt. Dazwischen lag und liegt die Gärtnerei Bernds mit ihren Blumenfeldern und Gewächshäusern. Auf der linken Seite der Verbandsstraße befand sich ein Sportplatz. Der genaue Betrachter findet sogar ein Pferdefuhrwerk auf der Verbandsstraße.

Die Randbezirke von Eppinghoven waren in den 1950er-Jahren noch recht dünn besiedelt. Junge Bäume flankierten die Voerder Straße. Die Gärten hinter den wenigen Häusern waren groß genug, um Gemüse anzupflanzen. Der Blick Richtung Norden offenbart die noch ländliche Struktur des Dinslakener Bruchs. Am linken Bildrand ist die Baustelle des Klärwerks zu erkennen.

1951 wurde ein Zentralentwässerungsplan aufgestellt, anschließend musste man sich um die Kläranlagen kümmern. Auf Beschluss des Stadtrates wurde an der Voerder Straße kurz vor dem Wohnungswald eine Anlage zur Klärung der Abwässer für Dinslaken errichtet. Die Straße am Wohnungsbusch gab es damals noch nicht.

Eine der Hauptverbindungsstraßen im Dinslakener Bruch war seit alters her die Augustastraße. Das Bild zeigt die Ecke Augusta- und Klarastraße mit einigen älteren Mehrfamilienhäusern, aber auch mit unbebauten Flächen im Hintergrund.

Als Allee schlängelt sich die Gasstraße durch diese Luftaufnahme, doch man sieht nicht das alte Gaswerk, sondern die Fabrikationshallen der Firma Steinhoff und einige Gleise des Güterbahnhofs. Die Gasstraße heißt übrigens heute Gerhard-Malina-Straße, zur Erinnerung an den ehemaligen Leiter der Stadtwerke Dinslaken.

Blick von der Verbandsstraße, der heutigen B 8, über das Drahtwerk Dinslaken der Westfälischen Union auf das Ende der Hedwigstraße. Parallel dazu verläuft wieder die Verbandstraße, an der im März 1957 eine Großtankstelle und eine Mercedeswerkstatt eröffnet wurden. Zum Zeitpunkt dieser Aufnahme existieren beide noch nicht.

Dort, wo die Feldmark in den Ortsteil Lohberg übergeht, findet man die Siedlung an der Krusenstraße, die im Jahre 1957 noch im Bau war. Zwischen Hünxerstraße und Krusenstraße wurde in den 1950er-Jahren eine der vielen neuen Siedlungen errichtet. Ungewöhnlich ist hier – besonders deutlich aus der Luft zu erkennen – die Anlage der Straßen und Gebäude.

Von der Ecke Krusenstraße und Hünxer Straße findet jedes Kind den Weg zurück nach Dinslaken: immer die Hünxer Straße entlang. Markant ist die spitze Mündung der Krusenstraße, die bis heute unverändert ist, das Umfeld ist jedoch mittlerweile wesentlich dichter bebaut.

An der Ecke Tal- und Elisabethstraße wurde zu Beginn der 1950er-Jahre die Elisabethschule errichtet. Sie lag in den ersten Jahren noch weitgehend einsam und war von Äckern umgeben. Der damalige Schulhof entspricht nicht mehr den heutigen Vorstellungen für kindgerechte Spielmöglichkeiten.

An der Augustastraße liegt nach wie vor der Spielplatz des VfB Lohberg. Eine kleine Tribüne zierte den Platz bereits in den 1950er-Jahren. So hatten die begeisterten Fans stets genug Platz. Im Hintergrund sind die Häuser der Siedlung an der Industriestraße und der Wachtelstraße zu erkennen.

Ein weiteres bedeutendes Industriegebäude an der Hünxerstraße stellten die „Elefantenwerke" der Klever Schuhfabrik Hoffmann dar. Zahlreiche Geschichten, nachzulesen in „Der andere Blick. FrauenLeben in Dinslaken", ranken sich um diesen ehemals größten Arbeitgeber für Dinslakener Frauen.

Nach der Zerstörung und anschließenden teilweisen Demontage des Bandeisenwalzwerks konnten neue Industrien auf der riesigen Trümmerfläche nur schleppend wieder Fuß fassen. 1948 übernahm die Rheinische Röhrenwerke AG den Betrieb, 1955 ging das Werk auf die Phoenix-Rheinrohr AG und die Mannesmannröhren-Werke AG in Düsseldorf über. Auf dem Bild erkennt man die Aufschrift der Phoenix-Rheinrohr AG, in deren Hallen Stahlflaschen produziert wurden.

Am oberen Ende des Neutorplatzes sind in der kleinen Grünfläche noch Reste des ehemaligen Friedhofs zu erahnen. Der Blick schweift weiter über die Tankstelle, auf deren Gelände sich heute ein Parkplatz befindet. Den oberen Bildrand bildet der noch völlig unbebaute Neutorplatz, der die Erinnerung an den alten Viehmarkt aufkommen lässt.

Links im Bild führt die heutige Saarstraße am Gelände des ehemaligen Viehmarktes vorbei auf die Kreisberufsschule zu. Die Siedlung um die Douvermannstraße war im Bau, die Gärten noch nicht angelegt. Die Hans-Böckler-Straße war ein unbefestigter Weg und das Gelände der Realschule eine grüne Wiese.

Der Blick des Betrachters schwenkt vom dünn besiedelten Averbruch über das Phönix-Rheinrohr-Werk und die Eisenbahnlinie in die Weite des Dinslakener Averbruchs. Die Landschaft war in den 1950er-Jahren noch von Feldern, Büschen, Bäumen und einfachen Wegen geprägt.

Über die Heerstraße und die Kreisbahn Dinslaken, so hieß die Eisenbahnstrecke zwischen Walsum und Spellen früher, wandert der Blick über freies Land bis zur Rheinkurve bei Götterswickerhamm.

Chronik der Stadt Dinslaken 1940 bis 1975

1940	Erste Bombenangriffe auf Dinslaken.
1942 bis 1945	Zwangsarbeiter, besonders aus dem Osten, sind in Lagern untergebracht und werden in Betrieben und Werken eingesetzt.
23. März 1945	Die Stadt wird durch Bomben der Alliierten zerstört, 800 Menschen sterben.
15. April 1945	Der Kirchturm von St. Vincentius stürzt in der Nacht ein.
18. April 1945	In Lohberg wird wieder Kohle gefördert.
Mai 1945	Die Amerikaner rücken aus Dinslaken ab; Dinslaken gehört zur neu gebildeten britischen Besatzungszone.
Ende 1945	Die ersten Vertriebenen aus dem Osten treffen ein.
1947	Demontage des Bandeisenwalzwerkes.
11. September 1948	Gründung des Rennvereins Dinslaken.
1949	Die Enttrümmerung der Innenstadt und der Abtransport des Trümmerschutts können zügig in Angriff genommen werden.
6. August 1950	Großer Handwerkerzug der Innungen anlässlich des 60-jährigen Bestehens der Kolpingfamilie Dinslaken.
November 1950	Der Großviehmarkt wird eingestellt.
1951	Gründung der Bürghofbühne Dinslaken, Leiterin wird Kathrin Türks.
1952	Olympische Spiele in Helsinki: Medaillen für die Dinslakener Maria Sander-Domagalla, Günter Hesselmann und Rolf Lamers.
März 1952	Der Ehrenfriedhof für die Bombenopfer der Stadt Dinslaken wird eingeweiht.
September 1953	Dr. Heinrich Lübke wird im Wahlkreis Dinslaken-Rees zum Bundestagsabgeordneten gewählt.
25. Juli 1954	Eröffnung der Trabrennbahn am Bärenkamp.
Mai 1955	Das Museum „Haus der Heimat" wird der Öffentlichkeit übergeben.
10. Juli 1956	Eröffnung des neuen Bahnhofs.
Oktober 1956	100 Jahre Holland-Linie der Eisenbahn, der historische Ludwigszug hält in Dinslaken.
1956	Abbruch des alten Dinslakener Rathauses in der Friedrich-Ebert-Straße.
1960/61	Reste des Klosters Marienkamp werden abgebrochen. Der Bergbau wirbt ausländische Arbeitskräfte an.
10. Juli 1961	Teilabschnitt Dinslaken der A3 (Wesel–Oberhausen) eröffnet.
1. Februar 1961	Dinslaken erhält die Postleitzahl 4220.
1965	Kaufhaus Hertie am Neutor eröffnet.
Juni 1966	Ein weißer Wal tummelt sich im Rhein: Moby Dick. Die Junge Union stellt ein Hinweisschild „Berlin 558 km" im Kreisverkehr am Stadtpark auf.
März 1967	Die beiden Dinslakener Jungengymnasien werden nach Theodor Heuss und Otto Hahn benannt.
Februar 1969	Der Heimatverein Dinslaken wählt erstmalig ein Pumpenmariechen.
1970	Fertigstellung des Hallenbades am Volkspark.
Februar 1971	Erste Aussiedler aus Polen treffen ein.
Juni 1972	Eröffnung des Emmelsumer Hafens.
1973	Der Bürgermeister der Stadt Dinslaken seit 1947, Willi Lantermann, stirbt. Das 700-jährige Stadtjubiläum wird mit einem Stadtfest gefeiert; die „DIN-Tage" sind geboren.
23. März 1973	Dinslaken schließt mit der Stadt Agen einen Partnerschaftsvertrag.
1973	Eröffnung der Stadthalle und der Parkgarage. Bau des Freibades am Volkspark mit einer Sauna.
1975	Kommunale Neugliederung in NRW, Auflösung des Kreises Dinslaken, Verlust des Kreissitzes und Eingliederung in den Kreis Wesel.

Diese
Bücher aus
Ihrer Region sind
im Handel erhältlich:

Sutton Verlag

BÜCHER AUS IHRER REGION

Rheinberg
Gabriele Biendara
3-89702-543-4 | 17,90 € [D]

Arbeit und Leben in **Gladbeck**
Rainer Weichelt
3-89702-444-6 | 17,90 € [D]

Gelsenkirchen 1917-1965
Markus Brans und Melanie Müllenborn
Erzählze Geschichte 3-89702-174-9 | 16,60 € [D]

Kevelaer
Robert Plötz
3-89702-596-5 | 17,90 € [D]

Westerholt. Alte Bilder erzählen
Heinz Wener
3-89702-601-5 | 17,90 € [D]

Von **Köln** zum Meer.
Schifffahrt auf dem **Niederrhein**
Werner Böcking
3-89702-620-1 | 17,90 € [D]